평생 엄마로만 살 뻔했다

평생 엄마로만 살 뻔했다

초판 1쇄 발행 | 2022년 11월 29일

지은이 | 글지으니
펴낸이 | 김지연
펴낸곳 | 마음세상

주 소 | 경기도 파주시 한빛로 70 515-501

신고번호 | 제406-2011-000024호
신고일자 | 2011년 3월 7일

ISBN | 979-11-5636-498-6 (03190)

ⓒ글지으니, 2022

원고투고 | maumsesang2@nate.com

* 값 14,500원

* 마음세상은 삶의 감동을 이끌어내는 진솔한 책을 발간하고 있
습니다. 참신한 원고가 준비되셨다면 망설이지 마시고 연락주세
요.

평생 엄마로만 살 뻔했다

글지으니 지음

마음세상

이제는 당신이 실행할 차례이다

50이 넘은 중년의 엄마는 그저 하루를 살아가고 있었다. 이제는 꿈이라는 것은 눈 씻고 찾을 수 없었다. 남들이 그렇게 하라고 하지도 않았는데, 정신없이 지내다 보니 나를 제대로 챙기지 못했다. 그 꿈 많던 나는 없고 사랑하는 사람들 틈에서 보이지도 않았다. 아직도 부산스러운 엄마지만 이제는 나를 조용히 바라보고 있다. 아이들이 어느 정도 크고 나니 숨 가쁘게 살던 나를 이제야 바라보게 되었다.

이제라도 조금씩 나에게 시간을 주고 책을 읽고 글을 쓰며 조그만 꿈을 챙기기 시작했다. 50이 넘은 엄마도 꿈을 갖고 도전한다면 커가는 아들에게, 조카에게 큰 힘이 될 것 같았다. 그리고 나처럼 정신없이 사는 엄마들에게도 꿈을 주고 싶다는 생각으로 글을 썼다.

결혼하면서 아내로, 그리고 엄마라는 역할로 하루하루를 숨 바쁘게 살았다. 그러다 유튜브를 통해서 다양한 정보를 접하게 되었다. 관심과 열정만 있으면 무엇이든 공부할 수 있는 그런 곳이었다. 그곳을 통해 유명 유튜버가 쓴 책이나 경제 서적을 접하면서 책을 읽기 시작했다. 유튜버들은 서로 합창하듯 책 속에 길이 있다고 말을 했다.

대학생 아들 둘을 둔 중년의 평범한 엄마는 제2의 인생을 책 속에서 길을 찾아보고 싶었다. 하지만 책을 읽는 것은 쉬운 일이 아니었다. 여러 가지 많은 일로 책을 읽는 시간을 만드는 것이 쉽지 않았다. 그러나 짬을 내어 책을 볼 때면 비밀 지도에서 보물을 발견하는 것 같았다. 이렇게 나의 자기 계발은 책을 읽고 강의를 듣다가 한 작가를 만나 글을 쓰는 계기가 되었다. "자기 계발의 최고는 글을 쓰는 것"이라는 것을 믿고 글을 써 보기로 했다. 글을 써보니 그것이 무슨 말인지 느끼기에 충분했다.

주부로 살면서 바쁘기만 한 삶에서 자신이 빠졌다는 것을 알게 되었다. 글을 쓰지 않았다면 내 삶임에도 불구하고 그 삶을 제대로 이해하지 못할뻔했다. 그래서 나는 글을 쓰며 나를 찾는 시간을 갖기 시작했다.

글을 쓰기 전에는 내가 무엇을 좋아하고, 무엇을 원하는지, 무엇을 할 때 즐거운지를 몰랐다. 글을 쓰기 위해 궁금한 것을 책으로 찾아 읽으며 나를 이해하기 시작했다. 그러면서 나에게 시간을 주고 나를 진정으로 사랑한다는 것이 무엇인지를 생각하게 되었다. 나보다 가족을 사랑했던 시간을 나를 사랑하는 시간으로 채웠다. 그것은 나를 찾는 시간이 되었다.

제2의 인생은 무엇을 해야 할까? 고민하던 나는, 글이 주는 힘에 대해 깊이 느끼게 되었다. 이렇게 나를 찾게 도와준 이 글쓰기를 다른 사람과 같이하고 싶다는 생각으로 내 목소리를 내며 크게 이야기하게 되었다.

글을 쓰면서 내가 마주하는 모든 것들이 새롭게 느끼게 되었다. 열심히 살기만 하던 평범한 엄마는 간절히 변하고 싶어서 글을 쓰기 위해 아침을 깨우기 시작했다. 제2의 인생에 좋아하는 일은 책을 읽고 책을 권하는 사람이 되고 싶었다. 부단한 노력과 연습 없이는 어떤 것을 잘할 수 없기에 매일 아침을 깨우며 글을 쓰며 하루를 시작하고 있다.

"써라!" 자신을 믿고 내 이야기를 그냥 썼다. 중년에 초라한 사람으로 남기 싫어 지금보다 나은 나를 만들어 보겠다는 간절함으로 글을 쓰게 되었다. 바쁘게 지냈던 그 20년 이상의 시간을 글을 쓰며 다시금 되돌아보았다. 좋은 추억도 그렇지 못한 것들도 글을 쓰면서 멀리서 바라보았다. 나를 잊고 살았던 그 시간은 나를 강하게 만들었고 내 존재의 가치를 말하고 있었다.

엄마로 살면서 느끼는 가족들의 이야기는 비슷하면서도 다 다르다. 내 이야기는 평범한 중년 엄마의 삶이다. 글을 쓰기 전에 느끼지 못한 결혼 20년이 넘은 시간은 결코 의미 없이 지나간 이야기가 아니었다. 그리고 초라하게 느꼈던 나를 더 방관하지 않고 책을 읽으며 자기를 계발하는 이야기를 썼다. 평범한 엄마가 책을 읽고 좌충우돌 자기를 계발하는 글을 쓰면서 삶의 의미와 가치를 느끼게 되었다.

나와 같이 평범한 주부 한 사람이라도 공감하고 동기를 받고 책을 읽고 글을 써본다면 나는 기쁘겠다. 결혼 20년 차면 아이들도 어느 정도 크고 이제는 엄마가 할 수 있는 일을 찾을 때다. 예전에 했던 일이나, 새로운 일이나, 모두 적극적으로 활동할 수 있는 시기일 수 있다. 그러나 많은 시간 동안 가족들만 쳐다보느라 자신만의 시간을 갖지 못했거나, 여러 가지 취미생활을 했지만 별로 삶의 의미와 가치를 느끼지 못했다면 이 책을 끝까지 읽어 보라고 하고 싶다.

이 책을 읽는 주부에게 아이들을 사랑한 만큼이나 자신도 사랑하라고 하고 싶다. 이제는 아이에게 주었던 관심과 사랑을 나에게 줘야 한다는 것이다. 그리고 자신에게 부족한 것들을 채우기 위한 것이 책 읽기이고 글쓰기라면 좋겠다. 별것 아닌 것 같지만 사소한 일을 글로 표현해 보면 내 마음이 정리되어 조금은 나를 이해할 힘이 생길 수 있다. 그래서 중년의 주부에게 책과 글이라는 것이 우리를 얼마나 풍요롭고 행복하게 만드는지를 알려주고 싶다.

매일 글을 쓰다 보니 내가 쓰는 글들이 모여 책이 되는 상상을 했다. 행복을 찾고 싶다면, 행복한 그림을 그리고, 행복한 글을 쓰려고 하면 된다. 화가 나거나 슬플 때도 마음을 들여다보며 내가 원하는 그림을 그렸다. 나는 무엇을 좋아하는지, 무엇을 원하는지, 무엇을 할 때 즐거운지를 생각하며 하루를 시작했다. 그것이 미라클 모닝이라는 습관을 만들어 글을 쓸 수 있는 시간이 되었다.

"오늘이 누구에게는 그렇게 바라던 날"이라는 말이 있듯이 하루를 맞이하는 아침에 우선순위로 글을 쓰면서 시작했다. 글을 쓰는 아침은 무엇과도 바꿀 수 없는 시간으로 하루를 행복하게 만들었다. 나는 큰 성공은 하지 않았지만 작은 습관이 큰 것을 만든다는 것을 믿고 있다, 작은 것에서 감사를 느끼며 행복하기 위해 글을 쓰고 있다.

이렇게 나는 나를 찾는 시간이 필요했고 책을 읽고 글을 썼다. 그리고 나를 이해하며 내가 좋아하는 일을 찾을 수 있겠다는 생각이 들었다. 글을 써보니 내가 생각하는 대로 쓰는 대로 변화하려는 모습이 보였다. 그래서 내가 원하는 것으로 내 생각을 정리하는 글쓰기가 좋아졌다. 그 글을 블로그에 올려서 또 다른 사람들과 공유하여 공감과 댓글로 소통할 수 있어서 좋았다.

지금껏 책을 읽어왔다고는 했지만, 생활의 패턴은 쉽게 변하지 않았다. '왜, 내가 생각하는 대로 변하지 않았을까?' 곰곰이 생각해 보니 그런 생각을 하기만 하고 실행하지 않았기 때문이었다. 그 실행의 첫 단계는 궁금하고 필요하다고 생각하는 책을 읽으며 자기의 생각을 쓰고 또 생각하는 것이다. 그리고 원하는 것을 이루는 상상을 하면서 작은 실천하나를 하는 것이다. 그것이 아침에 글을 쓰는 것으로 나는 시작했다. 많은 사람은 글 쓰는 것을 어렵게 생각하기에 글을 쓰는 습관을 만드는 것은 더 힘든 과정이다. 힘들기에 더 의미 있고 가치가 있다고 생각한다. 이것이 내 경험이기 때문이다. 평범한 주부인 나도 했다면, 당신도 할 수 있다.

"이제는 당신이 실행할 차례이다."

제3장 50대에 다시 꿈을 쓰다

제4장 하루하루 가슴 뛰는 삶을 살다

안녕, 54세!

"엄마, 요즘 글 잘 쓰고 있어요?"

"그게 말이다. 쓸려고 하는데 어떻게 써야 할지 잘 모르겠다. 책부터 읽고 쓸려고 하니까 글은 잘 못 쓰고 있어."

"엄마도 나 같은 때가 있었을 텐데, 나는 어릴 적 엄마가 궁금해요."

"그래, 나도 너처럼 꿈을 갖고 있었다. 그러나 지금은 그 꿈이 어디로 날아갔는지 모르겠구나? 엄마는 요즘 나를 찾기 위해서 글을 쓰기도 하고 책을 읽기도 하고 있다!"

"항상 도전하며 노력하는 엄마가 존경스러워요!"

"그래? 나도 네가 대견스럽구나! 혼자서 공부해 내기 힘들 텐데 묵묵히 해내는 네가 고마울 뿐이야!"

오늘도 아들과 서로의 일상을 나눈다. 이제는 훌쩍 커버린 아들은 대학생이 되어서 엄마를 걱정하는 어른이 됐다. 나는 아들 둘을 둔 엄마이다. 유채꽃이 유독 예쁜 제주에 사는 중년의 아주망(아주머니의 제주어)이다. "말은 태어나면 제주로 보내고 사람은 태어나면 서울로 보내라."라는 옛말이 있다고 했다. 아버지에게 들었던 말로 환경의 중요성을 뜻하는 말인 것 같다.

6.25 전쟁 때 피난 내려오신 아버지는 제주에 터전을 잡으셨다. 유독 교육열이 높으신 아버지께서는 우리 형제들을 서울로 유학을 보냈다. 자식을 끔찍하게 생각하시던 분이셨다. 제주에 국제 학교가 생기면서 이제는 거꾸로 서울에서 제주로 아이들을 유학 보낸다. 아버지는 "오래 살다 보니 이런 일도 있구나!" 하며 껄껄 웃으시겠다.

나는 제주에서 태어났지만, 초등학교 5학년부터 서울에서 언니, 오빠와 함께 생활했다. 서울에 가니 나를 "비바리" 라 했다. 제주어로 처녀, 아가씨를 부르는 단어이다. 이 말은 제주에서도 잘 쓰지 않고 더욱이 어린 나에게는 더 이상하게 들렸고 썩 기분 좋은 말은 아니었다. 하지만 서울 사람들은 작은 아름다운 제주를 나처럼 좋아해 주었다.

방학 때면 우리 형제, 자매들은 늘 고향에 계신 부모님을 찾아갔다. 그래서 제주 남자와 결혼하면 부모님을 자주 볼 것 같아 제주 남자와 결혼했다. 아버지는 "우리 막내는 몸도 약하니까 귤 농사짓는 집에 시집가지 않았으면 좋겠다."라고 하셨다. 다행히 아버님의 염려 덕분인지 농사를 짓지 않는 집에 시집을 가게 되었다. 그러니 자연스레 주말만 되면 일도 안 하고 놀러 다니기 좋았다. 그러나 이제는 힘들게 일해도 그런 땅 한 평이라도 있으면 좋겠다는 생각이 든다. 제주 땅값이 많이 올라 그러기도 하지만 나이가 들면서 한적한 곳에 전원주택을 짓고 과실수를 심고 텃밭을 가꾸며 살고 싶기 때문이다. 나도 서울 사람들처럼 제주에 전원주택을 갖는 것이 꿈이 되어버렸다.

부모님이 교육열이 남달리 높았던 것처럼 나도 아들을 캐나다로 유학 보냈다. 어차피 서울로 보내나 물을 건너가는 것은 마찬가지이니 '서울보다 캐나다가 낫겠지!' 하며 말이다. 결혼하자마자 남편은 캐나다에서 공부로 시작하고 싶다고 했다. 결혼하면서 캐나다에 가서 직접 학교를 알아보기로 하고 한국을 떠났다. 하지만 캐나다에서 어떤 공부를 할지 생각하며 보내는 시간이 내게는 심적 부담감이 커서 맘고생이 심했다.

서른 살에 결혼한 편이라 초산이 늦으면 힘들 수 있다고 큰 언니는 엄마처럼 걱정했다. 큰 언니의 염려 덕분인지 6개월쯤에 나는 아이를 갖게 되었다. 남편이 유학생인데 이국땅에서 아기를 가지니 내 마음은 무겁기만 했다. 예민한 성격에 아기까지 생기니 스트레스는 말이 아니었다.

입덧으로 힘들게 지내던 나에게 친정에서 남동생이 결혼한다고 한국에 다녀가라는 말이 그저 좋았다. 한국을 떠나 둘이 의지하며 지내다가 아예 가버리는 것도 아닌데 남편은 눈물을 비출 만큼 마음이 여렸다. 나도 그런 마음이 있었지만, 혼자 눈물을 흘리고 공항에서는 눈물을 비추지 않았다. 부모님이 계신 고향에 간다고 생각하니 입덧으로 먹고 싶던 귤과 회를 실컷 먹을 수 있어 그저 좋았다.

동생 때문에 한국에 다니러 와서는 유학생이라 아이를 친정 부모님 곁에서 낳을까 생각도 했다. 그러나 나는 남편 없이 아이를 낳지 않겠다는 생각에 8개월 된 만삭의 몸으로 캐나다에 다시 갔다. 캐나다에서 아이를 낳는 것이 중요한 것이 아니라, 우리의 아이이니까 부부가 그 기쁨과 고통을 같이해야 한다고 생각했다. 나중에 알았지만, 미국과는 달리 캐나다는 외국인에게도 의료 혜택을 주어 우리 부부에게는 다행이었다.

친정엄마는 2남 5녀를 낳고 딸들이 아기를 낳을 때마다 몸조리를 손수 하시는 억척 어머니이셨다. 친정어머니께서는 14시간이란 장시간의 비행기 탑승에도 불구하고 자식을 위해 오셔서 손수 몸조리를 해 주셨다. 해녀에서 장사, 농사일로 7남매를 낳고 몸조리 한번 하지 못하셨다. 하지만 매사에 최선만을 생각하셨던 어머니는 자신보다 자식을 더 사랑하셨다.

어머니는 7남매를 키우느라 산후조리는 고사하고 자기 몸을 돌보지도 못해 골다공증으로 척추가 함몰되어 수술까지 받으신 몸 상태였다. 허리 수술을 한 지 한 달도 안 되어 막대 딸을 위해 제주에서 서울로, 서울에서 14시간이 넘는 캐나다로 비행기 바닥에 누워서 날아오셨다. 몸이 부서져도, 멀리 있어도 막내딸까지 몸조리를 해주어야 한다는 억척 어머니이셨다. 자상한 아버지는 산모에 좋은 제주 쑥을 뜯어말려서 보내셨다. 부모님 덕분에 염치가 없지만 나는 몸조리를 잘할 수 있었다. 이렇게 캐나다에서 아이는 낳았는데 남편은 진로가 명확지 않은 채 어학 공부만 하고 있던 터라 친정엄마가 걱정했다.

"어떻게 할 거니?" 나도 힘든데, 어머니의 푸념을 듣고 내 눈은 눈물로 가득 찼다. 부모에게 효도하는 것이 별것이 아닌데 말이다. 평범한 사람과 결혼해서 우여곡절 없이 사는 건데. 이렇게 나의 결혼은 힘든 여정을 시작했다.

캐나다는 속인주의 국가여서 아이가 태어나면 그 나라 국적을 부여했다. 캐나다 국적을 가진 아들이 크면 서울에서 공부시키는 비용으로 캐나다에 유학을 보내야겠다고 생각했다. 그렇게 아들이 18살이 되어 캐나다로 유학을 보냈다. 지금은 5년이 넘어가고 우리는 카톡으로 매일 통화한다. 오늘 어떻게 보냈는지? 양치질은 식사 후에 잊지 않고 했는지? 비타민은 잘 챙겨 먹었는지? 등등 일상에서 엄마가 하는 평범한 잔소리들을 늘어놓는다. 그런 아들에게 내가 요즘 책을 읽고 글을 쓰고 있다고 하니 엄마의 이야기가 궁금하다고 했다. 맞다. 내 이야기를 꼭 아들에게 들려주고 싶다.

결혼한 지 20년이 넘은 중년의 엄마는 마음의 근육을 단련시키며 엄마라서 강하게 살 수 있었다. 엄마라는 그 시간이 없었다면 지금의 나도 없을 것이다. 그 시간을 이겨 내고 나니 중년의 내가 보였다. "안녕, 54살!"

나는 누구? 여긴 어디?

'여자는 두 번 태어난다.'라는 말을 나는 감히 해 본다. 30년 동안 나는 어릴 적 내가 살던 집을 떠나 나와 다른 사람과 같이 살아가는 것이 얼마나 다른지 결혼할 때는 몰랐다. 남들이 결혼할 때 정든 친정 부모님과 딸들이 알 수 없는 서운함 때문에 눈물을 흘리는 것을 지금은 이해가 된다. 나는 그때 철부지라 씩씩하기만 했다. 결혼식 때 큰언니는 시부모님께 넙죽 인사하라고 했지만 나는 살짝만 하며 신부의 위풍당당한 모습에만 관심을 가졌던 신부였다.

결혼의 시작부터 나는 좀 남달랐다. 결혼 전에는 평범하기를 거부하는 삶을 살고 싶었다. 그래서 매일 출근하는 직장인이 답답하다고 느꼈다. 자유스러운 예술가가 좋아 보여 미술을 전공하기도 했다. 결혼해서 보니 평범한 것이 얼마나 안락한 것인지를 깨달았다. 결혼생활은 직접 겪지 않고는 잘 알 수 없다. 먼저 결혼해 본 사람들이 하는 말들에 귀도 기울였어야 했는데 그때는 그런 말이 하나도 들리지 않았다.

신랑은 결혼하면서 새롭게 다시 시작하고 싶다고 해서 결혼과 동시에 우리의 미래를 꿈꾸며 용감하게 캐나다로 떠났다. 항상 도전 정신이 있던 나는 참 용감하기까지 했다. 돈을 벌면서 살아도 흡족하지 않을 판에 유학 비용 부담감에 나는 백일도 안된 아들과 한국으로 돌아오게 되었다.

남편은 아이와 나를 한국에 데려다 놓고 혼자 떨어지지 않는 발걸음을 걸어야 했다. 그때 나는 너무 힘들었다. 남편 없이 아이와 시댁에서 지내면서 왜 그리 눈물이 나던지 매일 울었다. 그때가 나에게는 가장 우울했던 시절이었다. 그러나 평소 밝고 긍정적인 성격이라 마음은 힘들어도 웃음을 잃지 않으려고 했다.

제주는 작은 시골 마을처럼 동네에 누구 딸이 어디로 시집을 갔더라, 신랑은 무슨 일을 하더라 하는 정도는 금방 알 수 있는 곳이다. 좁은 지역에서 서로 모르는 것이 없이 대, 소사를 보며 지내는 시골이라 말이 많다.

동생 결혼으로 한국에 잠깐 나왔을 때도 남편 없이 배가 불러 친정에 있으니 기분이 별로 안 좋았다. 그런데 남편 없이 아이를 데리고 친정에 있을 때는 동네 사람들이 오해라도 살까 봐 친정집에 오래 있지도 않았다. 어린 아기가 있고 더군다나 차도 운전도 못 하니 그저 시집 울타리에서 지냈다.

나는 활달한 성격이지만 소심한 면이 많다. 더욱이 결혼 전에는 서울에서 지내면서 자유롭게 지내다 결혼하면서 빚어지는 새로운 환경이 나에게는 무엇보다 힘들었다.

대학 졸업 후 제주에 와서 생활한 적이 한 2, 3년 정도 있었다. 부모님과 어렸을 적부터 떨어져서 지냈기에, 대학을 졸업하고 같이 지내고 싶어서 제주에 내려왔다. 부모님과 지내는 동안 성당에서 주일학교, 성가대, 청년부 활동을 했다. 그러다 다시 서울에 가서 있다가 늙은 신부가 되기 싫어서 외가 숙모의 소개로 제주 남자와 결혼하게 되었다.

제주 남자하고 결혼하면 제주에 계시는 부모님과 자주 볼 수 있을 것 같았다. 내 성격은 단순하다고 할까? 그저 첫인상이 선해 보여 결혼까지 결정하게 되었으니 말이다. 중매를 통한 만남이라 결혼 결정을 빨리하게 되어 다소 혼란스러웠지만, 신랑이 싫지 않았다. 다행히 신랑은 성격이 똑 부러지고 강했지만 처음 내가 느꼈던 선한 마음을 가진 따뜻한 사람이었다. 그렇게 제주에서 서울로, 결혼하면서 다시 제주에서의 삶이 시작되었다.

한국의 결혼이라는 것은 너무나 가부장적 성격이 강하여 '장가간다'는 말보다 '시집간다'는 말만 남아 있는 것 같았다. 여자, 남자가 만나 결혼을 하면 집을 마련하여 동등한 관계에서 생활해야 한다고 생각했는데, 시집에서 생활하니 내 생각과 사고가 꽉 막힌 것처럼 내 마음이 답답하기만 했다. 신랑을 보고 결혼을 했는데 신랑은 없고 어려운 부모님과 지내는 것이 무척 부담스러웠다.

서울에서 자유롭게 생활했었고 내성적인 성격으로 어려운 시부모님과 함께 생활하는 것이 나에게는 무척 힘든 일이었다. 남편 없이 시댁에서 아이를 키우며 초라하고 위축된 나를 누가 알아볼까 봐 노심초사하며 다녔다. 시장이라도 나가면 예전에 아는 성당 언니라도 만날까 봐 밖에 나가기가 싫었다. 아이가 있으니 일하기도 힘들고 무력한 내가 너무 초라해 보였다.

오직 아들만이 내 친구였다. 남편이 보고 싶으면 그 아이를 보았고 저녁마다 전화 통화를 할 때면 늘 같이 울었다. 한 살도 안 된 아이가 엄마가 흘리는 눈물을 보며 자기도 소리 내지 않고 눈물만 흘리는 아이가 또 어디 있을까? 그런 아이가 내 큰아들이었다. 그 아들은 내 아픔을 모두 껴안은 또 하나의 나였다. 그 아들을 볼 때면 내 아픔을 나누게 해서 늘 마음이 아팠다. 그 아들은 더 씩씩하고 훌륭하게 커서 엄마를 알고 싶다고 했다.

이제 생각하면 시어머니는 친정어머니처럼 부지런하시고 강하며 정이 많으신 분이시다. 같이 지내던 시누이와 도련님은 남편보다 더 착한 심성을 갖고 있었다. 그 고모, 삼촌은 조카에게 아빠의 빈자리를 메워 주려고 알뜰살뜰 잘 보살펴주었다. 지금 생각하면 내성적인 내 성격이 나를 힘들게 만들었던 것 같다.

자녀는 부모로부터 배운다고 했다. 7살이면 집에서 예절을 배우고 인성이 다 이루어진다고 했다. 그래서 부모님과 어렸을 적부터 떨어져 있을 때도 항상 어릴 적 들었던 말들을 생각하며 내 행동을 결정했다.

부모님은 항상 웃으시며 내 이야기를 믿고 받아주셨다. 그런 부모님을 보며 책임감이 강한 아이로 컸다. 나를 믿어 주셨던 부모님의 사랑 때문에 힘들어도 웃을 수 있었다. 소심해서 싸우기라도 하면 울음부터 나와 말도 제대로 못 하는 아이였지만, 부모님이 나를 믿고 멀리서 바라보는 것만으로도 내게는 큰 위로와 격려가 되었다. 그러나 그때는 나는 어디에, 내가 누구인지 알 수가 없었다.

언젠가부터 내 인생인데 내가 빠졌다

　캐나다에서 낳은 백일 된 아들과 나는 남편 없이 제주 시집에서 생활했다. 그때가 가장 힘든 줄 알았다. 그것은 시작에 불과했다. 유학을 갔다 온 남편이 할 수 있는 일은 제주에서 찾기가 쉽지 않았다. 결혼 전 서울에 우리 형제자매가 살던 집도 있으니 그곳에서 일을 찾아보자고 했다. 너무 효자인 아들이라 부모님이 계시는 제주를 떠나지 않으려고 했다. 궁여지책으로 동내 영어 학원에서 아이들을 가르치는 일부터 했다. 그러다가 어학원을 하겠다고 하면서부터 더 힘들었다.

　어학원을 시작할 때는 남편이 돌아와 둘째를 낳고 백일 때였다. 큰애가 세 살, 갓 나은 백일 된 아이를 보느라 나는 남편이 하는 일에 수수방관만 했다. 우리 부부는 세상 물정도 모르고 남편은 남에게 아쉬운 소리를 한

번 하면 큰일 나는 줄 알고 사는 사람이었다. 우물 안의 세상에서 내가 보는 것만 보고 선택했다. 남편 혼자 학원을 알아보며 어학원은 조금이라도 큰 곳에서 하기로 정해서 서귀포에서 제주시로 한라산을 넘나들었다. 한 달 동안 혼자 고생하는 것을 지켜보다 올케언니가 둘째를 봐주겠다고 해서 백 일 된 둘째를 맡기고 조카를 우리 학원에서 가르쳤다. 올케언니의 도움이 없었으면 나는 일을 제대로 못 했을 것이다. 그런 모습을 안타깝게 보신 시외삼촌이 전세 자금을 빌려주셔서 제주시에 집을 얻고 살게 되었다.

제주시에서 살게 되면서 분가하게 되었다. 분가하면서 남편은 어떤 일이 있더라도 주말에는 부모님과 지내겠다는 생각을 한 것 같다. 남편과 우리는 한 주도 빠지지 않고 부모님을 뵈러 갔다. 그러나 학원 일을 하고 아이들을 돌보며 지내다가 주말에도 쉬지 못하고 시댁에 가서 보내고 오는 나는 너무 힘들었다.

"이번 주는 서귀포에 가지 않으면 안 돼?" 내가 어렵게 말을 했다. 그랬더니 "당신은 가지 말고 우리만 갈 테니 혼자 있어!" 그날도 어김없이 주말에 서귀포로 가겠다고 행장을 챙겼지만 좀 쉬고 싶어 말을 했다. 다섯 살, 두 살 된 아이들을 데리고 혼자서 한라산을 넘는 운전을 어떻게 하려고 하는지 도무지 알 수가 없었다. 다섯 살 큰아들은 엄마, 아빠의 반응에 두 눈을 크게 뜨는 것 같았다. 남편이 큰아이의 손을 잡아채고 둘째를 안고 가는 모습을 더는 볼 수가 없었다. 눈물을 삼키면서 뒤를 따라갔다.

크게 싸우고 싶지 않았고 내 생각은 오로지 아이들이 전부라고 생각했다. 남편이 아이들을 데리고 나가면 나는 숨이 막혀 죽을 수도 있으니 뒤

쳐나갔다. 이렇게 우리 남편은 무척 강하고 나는 마음이 너무 여린 것 같았다. 하지만 부드러운 것은 휘어지지만 부러지지 않는다는 사실을 10년이 지나면서 몸으로 느끼게 되었다.

나는 애써 내 감정을 억누르고 갔는데 그 이후로는 생각도 안 난다. 오직 아이들을 위해서 싸움이 나지 않기 위해서 나는 나를 죽이는 시간의 연속일 수밖에 없었다. 오전에는 영어유치원을 하고 오후에는 집에 오면 밥을 준비하고 아이들을 씻기고 돌보느라 파김치가 되었다. 더욱이 남편은 술을 좋아해서 밥을 먹으면서 자주 늦게까지 얘기하느라 힘들었다. 거기에 주말마다 집을 나서면 또 집에 일은 할 수가 없었다.

나의 40대는 불볕더위 속에 일하며 정신없이 지냈다. 30대에 쓰기만 했던 유학자금과 사업하면서 심지어 갖고 있던 종잣돈도 없어지면서 빚만 남게 되었다. 그러나 나는 숨 막히게 사는 삶에서 빠져나와 홀가분했다.

상권 분석이라는 것도 모르고, 그 동네를 잘 알지도 못하며 경험도 부족했다. 시기도 새 학기가 지나 5월에 개업하면서 홍보하면서 천천히 시작해야 했다. 그래도 광고를 시작하며 다음 해부터는 좀 되는가 싶었다. 하지만 열심히 해서 다 잘되면 얼마나 좋을까? 위치나 학생 편의시설이 좀 나은 외국인 학원이 생겨나면서 우리는 또 조금씩 힘들었다. 더군다나 계속 자금이 들어가는 상황에 대출을 연장하기 싫다고 카드로 현금서비스를 받았으니 말이다.

학원에서 여러 가지 일을 거들며 2살, 5살도 안 되는 애를 돌보느라 은행 업무는 할 수 없었다. 돈 계산하는 것을 애초에 싫어해서 지금도 통장

관리는 하나도 안 하는 남편이 통장관리를 했다. 내가 알았을 때는 한참 일이 벌어져 있었다. 학원 운영자금을 현금 카드로 돌리면서 어려워진 상황을 수습하면서 정리했다.

나는 돈을 버는 것보다 아이를 돌보는 것이 더 중요하다는 생각으로 계속하고 싶지 않았다. 학원에서 신랑은 한 시간도 제대로 쉬지 않았다. 가르치다가 나중에는 두 번째 차량은 직접 운행까지 했지만 계속해서 많은 돈이 들어가는 어학원의 특성상 경제 상태는 좋아지지 않았다. 힘들어서 나는 학원이 싫었다.

우리 부부도 고생이었지만 어린 두 아이도 힘들었을 것이다. 하지만 어릴 때라 힘든 줄 모르고 잘 커 주었다. 그렇게 힘들게 했는데… 우리 둘 다 경제적인 것과 거리가 멀었다. 사업을 위한 기초적인 시장조사, 위치, 시스템보다는 열정을 갖고 일해 나간다면 잘 될 것이란 희망만을 생각하며 노력했다. 하지만 결국은 학원을 그만두었다. 남은 것은 써보지도 않은 사업으로 생긴 빚과 전세금을 갚기 위해 신랑은 과외, 학원 강사, 학교 강의 등을 하고 나도 아이들을 돌보다가 학원 강사로 조금씩 도왔다.

이제 나와 많은 아픔을 나누었던 큰아들이 커서 고등학생이 되었다. 남편이 캐나다에서 공부할 때 태어난 아들이다. 그 아들을 우리는 캐나다로 유학을 보내기로 했었다. 그러나 여러 가지 여건상 나는 유학 보낼 용기가 나지 않았다. 나는 남편 학원을 정리하고 아이들을 돌보다 전공을 살려 오후에 아이들을 가르쳤었다. 하지만 지금 내가 하는 것 외로 한 달에 백만 원을 더 벌면 아들 유학을 보낼 용기가 생길 것 같았다. 그래서 수업 가기 전 오전이나 혹은 주말 자투리 시간을 활용하며 아들 유학자금을 모으기 시작했다. 생각을 행동으로 옮기니 보낼 용기가 났다.

엄마로, 아내로 그리고 며느리로 20년을 바쁘게 살다 보니 언제부터 내 인생인데 내가 없는 듯했다. 한국의 주부들도 아기가 어렸을 때 이렇게 힘들지 않았을까 생각해 본다. 살다 보니 순간마다 위기는 있었다. 그 순간순간 엄마이기에 어떤 어려움도 이길 힘이 있다는 것을 느꼈다. 그러나 언젠가부터 내 인생인데 내가 빠졌다는 생각이 불현듯 떠오르기 시작했다.

이 나이에 어떤 일을 할 수 있을까?

"형님! 아버님이, 아버님이 교통사고로."

나는 백일도 안된 둘째가 폐렴에 걸려 의료원에 입원하고 있었다. 아기와 내가 있는 병실로 손아래 올케가 급하게 들어오면서 말을 잇지 못했다. 친정아버지의 사고로 응급실에 가족들이 뛰어오고 모두가 혼비백산하는 지경이었다. 그때를 생각하면 지금도 나는 숨이 막힌다. 내가 세상에서 가장 존경하는 분이 나의 아버지이시다. 그때 난 나를 지탱해 주었던 마음속 깊은 곳에 자리 잡은 뿌리가 송두리째 뽑히는 듯했다.

2000년 이른 봄에 나의 아버지는 우리를 남겨두고 멀리 오토바이를 타고 떠나셨다. 내가 그렇게 좋아하는 아빠의 모습을 다시는 볼 수가 없었다. 평상시에 말수가 적으셨던 것처럼 가시면서도 그렇게 말을 아끼시고 가셨다.

우리 아버지는 아침에 농자재를 사러 오토바이를 타고 가셨다. 유턴하는 아버지를 운전자는 미처 대처하지 못해 생긴 사고였다. 아버지는 늘 배려심이 많고 남에게 피해를 주지 않으시려는 곧은 성품을 가지신 분이셨다. 그렇게 혼자 죽음의 책임을 모두 안고 떠나셨다. 나는 죽지만 산 사람은 살아야 한다고 말씀하시는 것 같았다. 가족은 그 사고를 여러 번 되새기고 싶지 않았기에 우리는 아무것도 바라지 않았다. 그저 아버지상에 와서 미안하다고 해주길 바랄 뿐이었다. 그렇게 아버지는 우리의 곁을 떠나셨다.

제주는 동네에 일이 생기면 다들 와서 일을 거드는 풍습이 있다. 아버지가 돌아가셨을 때는 우리 집 상은 동네 상이 되었다. 아빠가 살면서 어떻게 살아야 하는지를 말씀해 주는 것 같았다. 우리 형제, 자매들은 밖에 손님을 볼 여유조차 없이 슬퍼하기만 했다. 엄마는 그 큰일을 다 처리해야만 한다는 강한 책임감만이 있으셨다. 자신의 감정을 돌보기보다 주어진 일 처리가 우선이었을 것이다. 우리 형제들은 그저 슬픔에 빠져 엄마에게 위로조차 못 했다. 엄마는 슬플 겨를조차 없이 그 일을 해내셨다. 아버지는 사시는 동안 일을 벌이시고 어머니는 그 일들을 수습하시던 것처럼 어머니는 늘 많은 일을 해내셨다.

두 분은 천생연분이셨다. 늘 웃으시는 아버지에게 엄마는 뼈가 부스러진다고 악에 받치는 소리로 역정을 내셨다. 아빠는 화내지 않고 묵묵히 받아주기만 하셨다. 아빠가 항상 이긴다. 아빠는 말씀을 아끼시고 엄마는 화를 내시며 풀어내니 다행히 싸움이 될 수가 없었다. 아빠는 항상 엄마에게 자상한 남편이셨기에 엄마는 그 힘든 일을 따라 하셨다. 그래서 두 분은 언제나 웃으시며 사셨다. 그래서 나도 언제나 잘 웃는다. 경제적으로도 육체적으로도 힘든 상황에서도 말이다. 부모님이 그런 것처럼 힘들지만 가족들을 사랑하는 마음이 더 컸기 때문에 웃음만큼은 잊고 살지 않으려고 했다. 나는 "웃으면 복이 온다!"라는 말을 제일 좋아한다. 옛날 코미디 프로였지만 나는 이 프로그램을 보며 재미있어서 웃기도 하고 일부러 더 크게 웃는다. 웃으면 복이 굴러올 것 같고 웃으면 기분이 좋아졌다.

얼떨결에 아버지상을 치르고 며칠 지나고 아빠 꿈을 꾸었다. 꿈속에서 내가 자고 있었는데, 아버지가 침대 언저리에 앉아 잠자고 있는 나를 지긋이 지켜보고 계셨다. 나를 보시는 얼굴은 늘 활짝 웃는 표정을 지으시며 "걱정하지 말고 열심히 살아라. 아빠는 너를 항상 믿고 있다."라고 말씀하시는 것 같았다.

그 꿈이 지금도 선명하게 기억에 남는다. 아버지는 나와 작별 인사도 제대로 못 하고 훌쩍 떠나신 게 마음에 걸리셨는지, 내가 아빠를 놓아주지 못해서인지, 우리는 그렇게 꿈속에서 작별 인사를 했다. 과학적인 생각만을 믿는 나였지만 이제껏 내가 꾼 꿈 중에 가장 행복한 꿈이었다.

"엄마! 왜, 여자만 설거지와 청소해야 해요?" "여자로 태어나서야!" 엄마는 여자로 태어났지만 남자 편만 들었다. 그래서 "아들, 아들!" 오빠만 생각했다. 엄마는 열정적이며 자기 일에 책임감이 강하면서 섬세한 성격을 가진 여자였다. 그 많던 시간 동안 엄마의 사랑을 알고 느끼며 지냈다고 생각했다. 하지만 가슴 깊이 깨닫지는 못했던 것 같다.

엄마가 되면서 아이들을 낳고 키우면서 얼마나 전전긍긍하면서 사는 지는 엄마들이라면 공감이 갈 것이다. 내가 결혼을 해서 아이를 낳고 키우면서도 엄마의 마음을 제대로 헤아리지 못했다. 엄마에게 자식이란? '자신보다 더 사랑하며 소중한 존재'라는 것을 아이를 낳으니 느껴졌지만, 엄마도 나를 그런 애틋한 마음으로 키우셨다는 것을 뒤늦게 깨달았다. 철부지 딸은 엄마의 임종을 앞두고서야 고해성사를 하는 것처럼 엄마에게 울면서 말을 했다.

"엄마, 내가 엄마가 되고 나니 아이들이 얼마나 소중한지 그 마음이 얼마나 애달픈지 알아요. 그런데 나는 그런 엄마로 살아내느라, 엄마가 나를 내 아이처럼 사랑했다는 것을 왜, 이제야 깨달았을까요." 하며 하염없이 울면서 말했다. 그렇게 나는 또 어머니하고 마지막 작별 인사를 나누었다.

우리 형제들은 방학이 되면 매년 따뜻한 부모님이 계신 제주도 집에 왔다. 서울에서 생활할 때 제주도에 있는 집은 언제나 우리들의 따뜻한 안식처라고 생각했다. 하지만 막상 집에 오면 부모님을 따라 무조건 밭에 가야 했다. 여름 방학 때는 밭에 김을 매러 가야 했고, 겨울 방학 때는 매일 귤을 따러 가야 했다. 새벽 4시면 어머니는 불을 켜고 기도를 하고 그날 할 일들에 대해 아버지와 이야기를 나누신다. 그리고 엄마는 부엌으로 아빠는 과수원으로 나가셨다.

방학에 제주에 오면 나는 아침에 비가 오기만을 학수고대한 적이 한두 번이 아니었다. 방학 때면 평소에 하지 않던 일을 해서 몸이 천근만근인데 하루도 쉬지 않고 밭에 간다는 것이다. 우리 부모님은 우리에게 인내와 끈기를 몸으로 가르쳐 주셨던 것 같다.

어머니는 자식 고생할까 봐 자신을 희생하며 자식이 잘되기를 바라며 기도로 하루를 시작하셨다. 그런데 고생했던 친구들이 자수성가해서 더 잘 산다. 그 모습을 보니 고생한 만큼 세상을 배우면서 잘 사는 법을 터득하는 것 같다. 하지만 내 삶에 늘 최선을 다하려고 노력하는 것은 부모님의 근면, 성실을 보고 배운 것 같다.

그렇게 부모님이 하루도 빠지지 않고 일을 했던 것처럼 나 또한 그 길을 가고 있었다. 엄마와 아내로 아이들을 돌보며 집 안에서나 집 밖에서 나를 잊고 20년을 정신없이 보냈다. 그리고 나니 초라한 내 모습이 보였다. 그래서 제2의 인생은 더 초라하지 않게 하리라 굳게 결심했다.

'50이 넘은 이 나이에 나는 어떤 일을 잘할 수 있을까?' 하는 생각만 맴돌았다.

지금 시작해도 늦지 않을까?

나보다 먼저 시집간 서울 친구는 나보고 이렇게 이야기한 적이 있다. "시집가니 시금치도 먹기 싫더라" 하며 자신이 너무 힘들어 분가하기까지의 힘들었던 이야기를 들었던 적이 있다. 나는 웃어넘겼다. 그것이 얼마나 힘든 것인지 몰랐기 때문이다. 그 친구도 자유롭게 살다가 시집에 들어가서 생활을 하니 얼마나 힘이 들었을까? 그 친구는 작업실을 만들어 거의 그곳에서 지내다 시집에 들어갔다고 했다. 그 친구는 작업실도 있고 남편도 있었는데도 힘이 들었다. 그런데 나는 아이와 시집에만 있어야 했고 남편은 곁에 없었다.

둘째가 군대에 가서 훈련병일 때 전화 오길 오매불망 기다리는데 남편이 군대 이야기를 해주었다. 남편은 첫 휴가를 마치고 복귀했을 때 폐소공포를 느꼈다고 했다. 아무리 요즘 군대 생활이 편하다고들 하지만 아들을 군대에 보내고 나니, 자유롭지 못한다는 것이 군대인가 보다. 나는 결혼하고 남편 없이 아이와 지냈던 시절이 갑자기 스쳐 지나갔다.

"너는 좋은 음식을 늘 먹는데 너의 아들이 왜 아토피이니?" 하고 친구가 물었다. 그때 '스트레스인가?' 남편이 공부를 마치고 돌아오자마자 둘째를 갖게 되었다. 남편이 한국에 돌아와서 특별한 계획이 없으니 여러 가지로 또 마음이 불편했다. 소심한 성격에 둘째를 가지니 더 예민한데, 내색도 표현도 못 하니 힘들었다.

아토피가 생기는 원인이 많겠지만 스트레스로도 나타날 수도 있다는 생각에 인터넷 검색을 해 보았다. 스트레스를 받으면 코르티솔이 과다 분비되어 아토피의 원인이 될 수도 있다고 했다. 산모의 건강이 태아에 미치는 영양이 얼마나 중요한지를 아이를 낳고 나서야 알 수 있었다. 내 마음속에 깊이 묻혀 있던 슬픈 아픔이 아이에게 고대로 전해져서 나타난 것은 아닌지 엄마로서 미안한 마음이 들었다.

친구는 내가 알지 못했던 나를 발견하게 해주었다. 가슴 안에 꼭꼭 묻어 두었던 그 내면의 아이를 끄집어 주었다. 이제라도 그 슬픔을 달래고 위로해 주고 싶었다. 이것이 심리학에서 말하는 '내면의 아이' 인가? 하며 나를 만난 것에 슬프면서도 기뻤다. 저녁에 일을 마치고 돌아오며 캔맥주를 마시고 싶어 샀다.

집에는 아무도 없어 혼자 유튜브 강의를 들으며 울고 웃으며 마셨다. '술은 왜 마시나 했는데 마시고 싶을 때가 있구나!' 했다. 남편은 친구들과 저녁에 술 한 잔을 하고 돌아오면서 피처를 사 들고 왔다. 나와 맥주를 마시면서 오늘 하루의 일을 나누려고 생각했던 것 같다. 그런데 나는 캔

맥주를 마시면서 유튜브를 들으며 깔깔대는 나를 이상하게 보았다. 평소에 잘 마시지도 않는 술을 마시는 것을 보고 놀라며 물었다. "무슨 일이냐!"라며 핸드폰에서 나오는 유튜브 소리가 시끄럽다고 남편은 다짜고짜 싫은 소리부터 했다.

그동안 나는 화내는 남편을 얼마나 많이 받아주었는지 모른다. 오늘은 나도 화를 내며 결혼 초에 힘들었던 내 마음을 얘기했다. 남편은 "이십 년이 넘은 일을 언제까지 할 거냐!"라고 하면서 화를 냈다. 남편은 나와 떨어져 외국에서 지낼 때 자신도 나도 힘들었다는 걸 알았다. 하지만 서로 힘들었기에 묻고 지나가 버렸다. 그러나 나에겐 아픈 상처로 아직도 가슴에 남아 있었다.

혼자는 외롭지만 자유로울 수는 있다. 혼자는 자유롭지만 외롭다. 무엇을 선택해야 할까? 지금은 외로워도 자유를 꿈꾸고 싶다. 결혼해서 외롭지 않지만 내가 없고 자유롭지 못하고 책임만 잔뜩 있는 것 같다. 아이들이 다 커도 나는 아이들의 버팀목이 되어야 하고 아내, 며느리라는 타이틀이 또한 나를 기다렸다. 자유롭게 내가 좋아하는 일을 하며 자유를 느끼며 언제 나를 위해 살 수 있을까? 그래서 남들이 "졸혼, 졸혼" 하나?

하지만 나는 내가 원하는 것이 어떤 것인지를 알기에 참을 수 있었다. 결혼하고 나니 나보다 더 소중한 사람이 생기면서 모든 것을 이겨 내는 힘이 생겼다. 그렇게 행복하기만을 바라는 쪽으로 생각하다 보면 내 마음은 언제나 제일 끝에 있었다. 그런 내게 큰 선물은 못 해도 적은 돈으로 살 수 있는 옷이나 액세서리로 나를 위로해 주었다. 지금 생각하면 나는 옷과 액세서리를 좋아하는 평범한 여자였다.

그러나 지금은 책과 강의를 들으며 나에게 시간을 주고 있다. 예전에는 사랑하는 사람들을 위해 시간과 돈을 투자하던 내가 이제는 나를 위해서 시간과 돈을 사용하고 있다. 누군가 내게 선물을 준다면 옷과 액세서리보다 누구에게도 방해받지 않는 시간을 준다면 좋겠다.

사람들은 말한다. '주는 것만큼 받는다'고 했다. 주고받으며 사는 것이 세상 사는 맛일 거다. 지금은 이제까지 내가 사랑을 받았던 것처럼 사랑을 줄 때였다. 하지만 그것이 나를 힘들게 한 것이 아니라 나를 잊은 체 그저 살아가서 힘들었던 것 같다. 그래서 지금은 너무 바빠 걸음을 재촉하지 않고 그냥 조용히 느긋하게 나를 챙기고 있다. 에너지를 많이 소모하지 않게 조용히 나만의 시간이 필요하다는 것을 알게 되었다.

시간은 한정되어 있고 내가 해야 하는 일도 많다. 그러면 내가 하고 싶은 것은 언제 할 수 있을까? 모든 것을 다 할 수는 없는데 모든 것을 손에서 놓지 않으니 힘이 들 수밖에 없다. 이것도 해야 하고 저것도 마음에 두는 것들이 많아서 문제다. 내가 담을 수 있는 것은 정해졌는데 근심과 걱정까지 더 하고 있었다. 그래서 지금 글 쓰는 시간이 나의 근심 걱정을 비우고 있는 시간이 되었다.

이렇게 나는 여러 가지 일로 욕심을 부리며 내려놓지 못한다. 못하겠다고 똑 부러지게 거절할 줄도 알아야 한다. 그런데 그렇게 하는 게 힘들었다. 내가 조금 힘들어도 하면 될 것 같아 자꾸 일 욕심을 버리지 못했다. 욕심 때문일 수도 있지만, 말도 잘못하겠다.

주중에는 아침, 저녁으로 밖에서 일하고 주말은 시집에도 가니 바쁘기만 했다. 집 안 청소와 설거지는 남편이 많이 도와주어 고마울 뿐이다. 그래도 식사 준비하는 것, 남편의 이야기를 듣다 보면 에너지가 바닥난다. 술 마시며 나랑 이야기하길 좋아하는 남편과 저녁 식사를 하는데 종종 짧으면 한 시간, 길면 두세 시간씩 걸린다. 이렇게 남편 취향을 맞춰주다 보면 내 시간은 더욱 줄어들었다. 그리고 건강도 챙겨야 하니 바쁘다.

그러면 내가 하고 싶은 일은 언제 할 수 있을지 모르는 시간만 흘러갔다. 그래서 나를 위한 시간이 다름 아닌 새벽이었다. 해뜨기 전의 아침과 해가 떠오르는 아침을 보면서 그동안 내게 주지 못했던 시간을 만들었다.

아침 일찍 일어나다 보니 낮에는 졸렸다. 해야 할 일도, 역할도, 하고 싶은 것도 있기에 힘에 부쳤다. 일도 거절할 것은 거절하고 역할도 더 내려놓아야 하는데. 그래야 내가 하고 싶은 것을 할 수 있다. 내가 해야 하는 일들, 건강, 꿈도 챙겨야 하니 정신 바짝 차리고 'No'라는 말을 할 수 있는 용기가 필요하다. 아이들이 다 크고 50이 넘어서야 내 인생을 생각한다. 지금 내 모습보다 더 나은 내일을 꿈꾸고 있다.

'지금 시작해도 늦지 않을까?'

다시 꿈부터 써 보기로 했다

"지금 대학원 나와서 얼마나 오래 직장 생활을 하려고?"

나는 특수학교에서 방과 후 수업을 하고 있다. 한두 해 다니니 '사이버 대학원을 졸업하여 특수학교 선생님이 되어 볼까?' 하는 생각도 했다. 결혼하면 남편이 나를 더 공부도 시켜주는 능력이 있는 사람이었으면 했다. 그러나 나보고 "무슨 공부!" 하며 한칼에 자를 때 실망스러웠다. 그렇게 내 희망은 없어지고 '아이를 위해 유학 비용이나 준비해야지' 했다. 구체적인 계획도 공부할 자신도 없었다.

어릴 적 나도 꿈 많은 소녀였다. 사람들에게 배려심이 많으신 아버지를 보며 커서 어려운 사람들에게 도움을 주는 사람이 되고 싶었다. 또 나이팅게일을 읽고 아픈 사람에게 헌신적으로 봉사하는 간호사도 되고 싶었다. 또 다른 하나는 헬렌켈러처럼 특수아동을 가르치는 설리반같은 선생님이 되고 싶었다.

그러나 나는 성당에서 미술을 하는 선생님의 화실에 놀러 갔다가 디자인을 전공하게 되었다. 그래서 어려운 사람을 도와주는 직업도 아니고 손이라도 베이면 밴드라도 붙여 주어야 마음이 풀리는 나였지만 간호사도 안 됐다. 설리반 선생님 같은 특수 선생님이 되려고 했지만 아쉬운 마음만 있었다.

사람은 인생에서 몇 번의 기회가 찾아온다고 한다. 나는 몇 번의 기회를 알아차리지 못하고 지나간 적이 있는지 생각해 보았다. 학생일 때 내가 하고자 한 미술 공부를 잘할 수 있었다. 두 번째는 캐나다에 가서 나도 공부했다면 어땠을까? 부부가 다 공부한다는 것이 쉬운 일이 아니기에 생각하지 않았다. 세 번째는 제2의 인생을 준비하는 지금이 기회라고 생각하고 있다.

결혼 전에는 나를 위해 무엇인가를 했지만, 결혼 후에는 나보다 가족을 생각할 수밖에 없었다. 그래서 나를 잊고 바쁘게 살아간 것 같다. 아이들이 중학생, 고등학생이 되면서 시간적 여유가 생기니 산책을 하던 나는 내가 할 수 있는 일들로 또 채웠다.

오후에 학교에 가기 전에 오전에 유치원에서 특수 아이를 돌보는 유급 자원봉사를 했다. 교육청에서 특수아동들에게 일반 아이들과 교육을 받을 수 있게 도움을 주는 돌봄 선생님이다. 나는 유치원에서 그 유아를 돌보면서 많은 것을 느꼈다. '내가 전문적인 능력이 있다면 이 아이에게 조금은 더 변화를 줄 수 있지 않을까?'라는 생각이 들었다. 같이 있어 보니 늘 내 능력이 부족하다는 것이 아쉬웠다. 그래서 '이 아이를 변화시킬 수 있는 것이 무얼까?' 하는 생각을 많이 했다. 글자를 배우면 책을 통해서 더 많은 변화를 갖지 않을까 생각이 들었다. 그러나 내 능력의 한계를 느끼며 아쉽기만 했다.

아이를 돌보면서 가만히 생각하니 그 아이는 엄마보다 선생님이 더 필요할 수 있다고 생각했다. 하지만 정서적으로 더 친밀해야 배움도 받아들일 수 있기에 나는 즐겁게 놀면서 표현을 더 많이 하게 하면 좋겠다는 생각이 들었다. 하지만 이 꼬맹이는 이제 초등학교에 가야 한다. '유치원에서 넓은 모래 놀이터와 숲속 자연 운동장에서 놀던 아이가 좁은 교실에서 어떻게 지낼까?' 걱정된다. 자연을 벗 삼아 공부하는 자연학교 같은 곳이 있었으면 좋겠다는 생각이 들었다. 나는 오전, 오후 특수 학생들에게 내가 할 수 있는 것은 사랑하는 것뿐이었다.

이렇게 내 능력과 내가 원하는 것에서 거리감을 느꼈다. '나는 누구이며 내가 무엇을 잘 수 있을까? 나를 찾으며 꿈을 다시 쓸 수 있을까?' 하며 생각하고 생각했다. '내가 잘하는 일을 해야 할까? 내가 좋아하는 일을 해야 할까?'도 고민하게 되었다. 특별히 잘하고 열정을 쏟을 수 있는 일이 무엇이 있나 찾아보았다. 예전에는 어떤 작품을 만들고 싶어서 밤을 새운 적도 있었지만 지금 난 그런 예술적인 작품 활동에 자신이 없다.

그러던 중 책을 읽고 블로그 서평을 쓰면서 강의를 듣게 되었다. 강의를 들으면서 서로의 이야기를 나누다 한 작가님을 알게 되었다. 나같이 전문적인 소양이 없는 평범한 사람도 책을 쓰고 강사가 될 수 있다고 하면서 나에게 용기를 주었다. 이야기를 듣고 난 후 예전부터 막연하게 생각했던 일이 떠올랐다. '저 강사처럼 멋진 말을 하려면 어떻게 해야 하는 거지?' 하는 생각은 그저 남의 이야기로만 치부했었다. 그런 멋진 일이 생긴다면 하는 새삼 설레는 일을 만들고 싶었다. 그래서 내 이야기도 책이 될 수 있다는 한 가닥 희망을 믿고 글을 써 보기로 했다.

　나 자신에게 질문하고 그 질문을 다른 사람들은 어떻게 생각하는지에 대한 책을 찾아 읽으면서 글을 썼다. '나는 왜 해야 하는 일만 하면서 지냈지?' 내 인생인데 가족만을 바라보며 살았던 나 자신을 돌이켜 보았다. 엄마로서 행복하다고만 생각하며 지내왔다. 하지만 나는 엄마라는 역할만은 아닌데, 엄마 역할에만 충실하게 살아온 게 아닌가 하는 생각이 들었다. 이제는 아이들에게 주었던 관심과 사랑을 나에게 주면서 내 꿈을 찾고 있다. 내게 힘을 주고 위로가 되는 글을 쓰고 책을 읽으며 나는 조금씩 달라지고 있다. "늦었다고 생각할 때가 가장 젊은때!"라는 말을 믿으며 말이다. 초라하게 보였던 나를 바라보면서 이제는 충분히 '의미가 있는 삶이었다!'는 것도 느끼게 되었다.

　이제는 엄마에서 나로 글을 쓰며 살고 싶어졌다. 내가 글을 쓰는 이유는 두 가지가 있다. 하나는, 소중한 아이가, 사랑하는 조카가 꿈을 꾸며 살아가길 바라기 때문이다. 엄마가, 엄마 같은 이모가 꿈을 꾸고 그것을 위해 노력하는 모습을 본다면 '아이도 조카도 자기의 꿈을 생각하지 않을까?' 하는 마음이다. 또 다른 하나는 나 같은 엄마들이 내 얘기에 공감하고 나처럼 글을 쓰면 좋겠다는 것이다. 나보다 더 똑 부러진 엄마들도, 평범한 주부도 글을 쓰며 자기를 찾고 자신이 원하는 삶을 찾을 수 있으면 좋겠다. 이렇게 나처럼 용기를 내보라고 하고 싶다. 평범해도 당신은 소중하니까, 당신의 가치와 의미를 찾으라고 말이다. 책을 읽고 글을 쓰면서 자신을 찾는 시간을 가지라고 하고 싶다.

　나는 좌충우돌 어설프기 짝이 없는 자기 계발을 하고 있지만 잘하지 못하더라도 지금보다 나은 내가 된다면 만족할 수 있는 삶이 되지 않을까 생각했다. 그래서 잘난 사람만 글을 쓰는 것이 아니라, 평범한 엄마도 글을 쓸 수 있다고 목소리를 내고 있다.

　글을 쓰면서 내 마음을 찾을 수 있었다. 그래서 이런 마음을 나누며 다른 사람에게도 힘을 주고 싶다. 새로운 일을 시작하면서 매일 한계를 느끼기도 하지만 오늘보다 더 나은 내일이 될 수 있다는 생각으로 한 걸음 한 걸음 더 걸어가고 있다.

　나와 같은 주부들이 내 책을 읽고 용기를 얻고 자신의 삶을 더 사랑하는 것이 무엇인지를 생각했으면 좋겠다. 하루하루 글을 쓰면서 나를 찾고 내가 원하는 것을 같이 하자고 말하고 싶어졌다. 그래서 나를 위해, 사랑하는 아이와 조카를 위해, 나 같은 주부들과 함께 꿈을 쓰고 싶다. 이 기회가 나에게 세 번째 기회라고 생각하며 나를 위해 "나는 다시 꿈부터 써 보기로 했다!"

특별하지도 않아도 소중한 내 인생

"너무 힘들어 보여. 무슨 일 있어?"

"아니, 오늘 좀 피곤해서 그런가!"

오늘은 초등학교 여자 동창 모임이 있는 날이다. 나는 주말 아르바이트를 오전에 하고 다섯 시에 친구를 만나 친정 동네로 가고 있었다. 주말이라 마트에서 바쁘게 일을 하다 오니 피곤해서 한 숨소리가 저절로 나왔다. 마트에서 아동 옷을 파는 일을 몇 해 했다. 아들 유학 보내기 위해서 오후에 방과 후 가기 전 오전에 자투리 시간을 할애해 시작했었다.

동네 친구들은 나를 보면 늘 부러울 것이 없는 친구라고 생각한다. 부잣집 딸로 어려움 없이 살다가 시집가서 선생인 남편과 주말마다 놀러 다니는 한량으로 보고 있다. 친한 친구는 학원으로 어려움이 있었다는 것 정도는 알고 있다. 하지만 마트에서 일하는 것은 모른다. 알량한 자존심 때문에 일하다가 아는 사람들이 보이면 나는 무척 당황하며 숨기까지 한 적도 여러 번 있다. 자존심이 상하지만 부끄러운 일은 아닌데 말이다. 그저 자격지심으로 마음이 씁쓸했다. 그렇지만 이 일을 통해서 난 많은 힘을 얻고 좋은 동료들을 만났다. 내 울타리를 벗어나 새로운 것을 배운 좋은 경험이었다.

처음에는 아들 유학 비용을 벌기 위해 그 후에는 노후를 위해 저축한다는 명목으로 계속하게 되었다. 제주 여자들은 자립심이 강하기로 유명하다. 나도 제주 여자라 그런가 보다. 옛날에는 제주가 바다로 둘러싸인 섬이라는 특성상 혹독한 자연과 더불어 살아야 한다. 옛날 제주 남자들은 고기잡이 가서 풍랑으로 많이 죽었다고 했다. 그래서 여자들이 강해야만 살 수 있는 환경이라 제주 여자들의 생활력이 강했다고 한다. 옛날이야기이지만 지금도 제주 여자들은 생활력이 강하다. 그러나 여자들은 엄마가 되면 없던 힘도 생기는 강한 사람이 되는 것 같다.

결혼하기 전에 나는 막내딸로 세상 물정 모르는 철부지였다. 신랑 될 사람이 큰아들이라 큰며느리가 되면 힘들지 않을까 걱정이 되었다. 그때 엄마가 그러셨다. 큰아들이라 시어머니가 젊어서 많이 도와주고 더 많이 사랑해 줄 거라고 위로했다. 그때 엄마의 위로가 나에게 많은 힘이 되었다. 그 말대로 시어머니는 물심양면으로 더 많이 사랑해 주셨다. 두려움이란 단어 뒤에는 희망이라는 단어가 있는 것 같다.

결혼하고 나니 여러 가지 힘든 상황도 많고 아이들이 어릴 적에는 더 힘들었다. 그런 우리 부부를 보며 친정엄마는 '건강만 하면 다 살 수 있다"라고 위로해 주셨다. 그 말이 나에게 큰 힘이 되어 묵묵히 살아가며 어려움을 느낄 때마다 엄마의 삶의 지혜가 녹아든 말이 딸을 살려내는 힘이 되었다.

나는 더 큰 한 사람으로 살아가기 위해 온실에서 나와야 했다. 비가 오면 비를 맞고 바람이 불면 바람을 맞았다. 아이가 어렸을 때는 아이의 얼굴을 바라보고 그저 곁에 있어 주고만 싶었다. 그러나 아이들이 중학교, 고등학생이 되니 든든한 버팀목이 되어 주는 엄마가 필요했다. 엄마이기에 아이를 위해 내가 할 수 있는 일을 찾아야 했다. 친정엄마는 7남매를 낳고 몸조리도 제대로 못하면서 농사일을 하셨다. "여자는 약해도 엄마는 강하다."라는 말을 실감하게 했다. 나도, 엄마라서 힘이 생기나 보다.

"너는 아이돌 같은 남자와 결혼할 줄 알았어!"

"응. 그래, 내 신랑이 얼마나 잘 생겼는지 아니?" 하며 웃으며 오늘도 친구들과 모여 접시가 와장창 깨지는 소리가 나는 날이다. 스트레스를 제대로 날리는 날이니 나는 너무 좋다. 친구들과 재미있는 시간을 갖는 것이 나의 유일한 즐거움이었다. 어릴 적 동내에서 같이 크고 자라서 사회에서 만난 친구와는 비교할 수 없는 죽마고우이다.

어릴 적부터 서울에서 지내다 보니 제주에는 초등학교 동네 친구가 전부다. 초등학교 4학년 말에 서울로 전학 가서 고향에서는 초등학교도 졸업하지 못했다. 4년 동안의 추억은 30년이 넘어도 그대로였다. 제주 고향에 올 때마다 동네 친한 친구들을 봤다. 가끔 보는 친구들은 사춘기가 되어 예전의 얼굴은 그대로인데 몸이 뻥튀기 기계에서 나온 것처럼 커져 있었다. 동네에서 간혹 보이는 남자 친구들이 더 그랬다. 친구들을 어쩌다 보니 확연한 차이를 느낄 수 있었다. 늘 보는 친구들은 그 차이를 모를 것이다.

그런 어릴 적 동창이 유일한 친구들로 내게는 소중하다. 집안이 어려 웠던 친한 친구는 어려움을 알았기 때문에 재력이 우선순위였다고 했다. 그런데 나는 잘생긴 사람이 우선이라 우리 남편을 만났다고 하면서 우스 꽝스러운 말을 하며 수다를 떨었다. 재력도 외모도 중요하지만, 그 사람 의 좋은 점에 끌려 결혼했을 것이다. 결혼하고 보니 내 남편은 잘생기고 애처가고 능력까지 있고 운동에다 뭐 모자란 것이 없다. 더 있다. 애주가 라서 배도 더 있다. 지금은 처음 만났을 때 그 순수하고 착한 심성을 생각 하며 좋게만 생각하고 있다.

끌어당김의 법칙을 나는 알게 되었다. 생각하는 대로 잘 생기고 멋진 남자면 좋겠다고 생각하고 있어서 지금 남편을 만났다는 생각이 들었다. 그런데 '그땐 왜 그걸 몰랐을까?' 친구처럼 재력도 많은 사람과 결혼을 생각했어야 했는데!' 하며 생각하다 내 남편은 "대기만성"이라고 믿기로 했다. 나는 영어를 잘하는 남편 덕분에 노후에는 세계를 여행하는 행복 한 상상을 한다.

나는 특별하지 않지만 내 인생은 소중하기에 이제는 일들을 줄이기로 했다. 제2의 인생은 내가 더 좋아하고 잘할 수 있는 일을 하고 싶기 때문 이다. 아이와 남편, 시집이 유일한 내 놀이터에서 이제는 그만 놀고 내가 하고 싶은 일을 찾고 싶다.

'특별하진 않아도 내 인생은 소중하니까.'

평생 엄마로만 살 뻔했다

요즘은 유튜브가 대세다. 아이, 어른 할 것 없이 유튜브로 많은 정보를 알 수 있다. 유튜브 방송 중에 인기를 끌고 있는 한국의 할머니로 유명한 유튜버가 있다. 살다 보니 손주 덕에 유명 유튜버가 되었다. 할머니에 비하면 50대인 나는 너무 젊지 않은가?

우리는 살면서 '남의 말에, 남의 눈에 어떻게 보일까?' 하며 남을 의식하고 살기 바쁘다. 나로 살기보다는 다른 사람을 보면서 나를 판단하며 산다. 그리고 남들이 하는 말에 장단을 맞추며 살고 있다. 이 얼마나 우스꽝스러운 일인가? 각자 자기의 상황과 인생이 다른데 남들 눈치나 보면서 사는 내가 보였다.

"네가 글을 쓴다고 인생이 달라질 것 같아?" "인생이 그렇게 호락호락

하지 않아." "글은 아무나 쓰냐!"라는 말은 늘 가까운 사람이 한다. 나도 나 자신을 믿지 못했다. 나도 나를 못 믿는 데 남이 나를 믿어 줄까? 무엇보다도 내 생각과 의지가 중요했다. 생각하지 못하는 것은 내가 할 수도 없고 이룰 수도 없다. 하지 못해서 못한 것이 아니라, 생각이 없거나 할 수 없다고 생각했기 때문이다. 그래서 우리는 살면서 생각해야 한다. 아무 생각 없이 살면 하루하루가 의미 없이 지나가 버릴 수 있다. 그래서 오늘보다 나은 내일을 생각하며 즐겁지 않는다면 100세를 산들 무슨 의미가 있을까?

중년의 사람들은 노후를 생각하면서 살아간다. 그것은 지금 살지만 앞으로 더 잘 살아가기 위한 것 같다. 각자 더 잘 살기 위해 자신의 한계에 도전하며 살아간다. 그 삶이 행복할 수도 그러지 못할 수도 있다. 그렇다면 행복의 척도는 무엇일까? 생존을 위해서 일을 하지만 정작 그 생존을 넘어 자기만족을 사람들은 더 찾는지 모른다. 자신의 행복과 만족한 삶은 우리가 생존을 위해서 일하기보다 내 가치를 알아주는 일로 더 행복할 수 있다고 생각하게 되었다. 그래서 나는 시간을 갖고 내가 무슨 일을 할 때 만족감을 느끼고 행복을 느끼는지를 생각하게 되었다.

살기에 바빠서 정작 내가 하고 싶은 것을 하지 못하는 것이 무엇인지 생각하게 되었다. 아이들이 대학생이고 군대를 갔다 온 아이를 둔 나는 어느새 중년이 되었다. 아이들이 어렸을 때는 아이들을 돌보느라 내게 정신을 쓸 여유가 없었다. 이제는 아이들이 크니 지금 지나가는 시간을 그냥저냥 보낼 수는 없었다.

돈이 많으면 이곳저곳 여행도 하면서 내가 좋아하는 것을 생각하는 시간을 만들 수 있을 것이다. 하지만 나는 책을 읽으면서 행복한 삶에 대해 많은 생각을 하고 있다. 나는 제2의 인생에서는 내가 좋아하는 일을 하며 경제적으로도 풍족하고 나도 만족하는 삶을 꿈꾸게 되었다. 그래서 나는 나를 찾는 시간을 갖고 책을 보기 시작했다. 해야 할 일들이 많다는 핑계를 대며 책 읽는 시간을 만들기가 쉽지는 않았지만 조금씩 읽어 갔다.

'무슨 작가? 책을 쓴다고?' 지금 책을 읽고 글을 쓰면 책은 언제 내고, 강연은 언제 할 수 있을까? 그것도 독수리 타법으로 하면서 말이다. 예전에 나는 사무직은 안 할 거라며 타자도 안 배웠다. 나중에 배우면 되겠지 했지만 그렇게 배워야 하는 상황이 아니니 그럭저럭 시간만 흘러갔다.

그러던 내가 이제라도 워드 자판을 두드리고 기계를 싫어하는 내가 컴퓨터를 잡고 씨름을 한다. '그놈의 100세 시대가 뭐라고!' 늦었다고 했을 때가 가장 빠를 때라고 하며 입에 달고 산다. 필요한 책, 읽고 싶은 책을 보며 내 반평생의 이야기를 블로그에 올렸다. 더 늦기 전에 내가 하고 싶은 일로 행복하게 살아가고 싶다는 목표가 생겼다.

'지금 해도 늦지 않을까?' 하는 생각이 들었지만 다른 사람과 비교하지 않기로 했다. 나에게 주어진 시간에 최선을 다하다 보면 되지 않을까 생각했다. 지금이라도 소중한 시간을 나에게 줄 수 있다는 것만으로도 행복하다. 이 시간에도 건강하지 않아서, 일 때문에 자기의 시간을 못 갖는 사람도 많으니 감사할 뿐이다. 며칠 전까지도 내가 그랬으니까.

일하면서도 자기 계발을 틈틈이 잘하는 사람도 많다. 그만큼 그들은 많은 시간을 공들인 사람들이다. "지금 나는 미비하지만 시작하고 나중에 완벽해지라"라고 하는 말을 믿으며 글을 쓰고 있다. 이게 좋은 건지 나쁜 건지 모르겠지만, 코로나로 시간을 벌었다. 인생은 '새옹지마' 라 하지 않는가? 어려운 시국이라고 하지만 나에게는 이 시간이 고마울 뿐이다. '나에게 시간을 주려고 하지 않았다면 이 시간이 소중했을까!' 하는 생각이 들었다.

중년에 나는 빈 둥지 증후군(empty nest syndrome)을 겪을 시간도 없이 바쁘고 즐겁다. 요즘 따라 건망증도 심해서 웃지 못할 해프닝을 만들기도 하지만 글쓰기가 치매 예방에 좋다고 생각하면서 스스로 위로한다. 요즘 '초로기 치매'로 젊은 사람도 걸린다고 하니 나이 든 사람이나 젊은 사람이나 순서가 따로 없는 것 같다. 그래서 더 건강하게 살기 위해 무엇을 하며 살아갈지를 생각하는 것 같다.

어느 95세 어른은 63세에 퇴직하고 30년 동안 "이제 다 살았다. 남은 인생은 덤이다. 뭔가 시작하기에는 늦었다는 생각으로 시도하지 않은 것을 후회했다. 95세 나이가 되어 보니 앞으로 10년 후에 후회하지 않기 위해 하고 싶었던 어학 공부를 시작한다."라고 하셨다.

나도 마찬가지다. 중년이 넘어가니 새로운 일을 시작하기에는 늦었다는 생각이 들었다. 하지만 중년이 되기까지 엄마로 20년 이상의 시간은 너무나 소중하고 가치 있는 시간이었다. 그리고 이제 정년퇴직을 앞둔 사람처럼 책을 읽고 글을 쓰며 제2의 평생 직업을 창업하기로 했다. 하마터면 평생 엄마로만 살 뻔했다.

나로 살아가기

저녁에 일찍 잠자리에 들려고 마무리로 톡 방에 들렸다. 그랬더니 강점 코칭을 준비하던 선배님 강의가 있었다. "나는 어떤 사람인가요?" 어제, 오늘 내 머릿속을 헤매며 생각했던 이야기였다. 오늘 강의를 듣고 '나도 강점 코칭을 받았어야 했나?' 하는 생각을 했다. 살아가면서 나는 여러 가지 선택을 한다. 그 선택을 강하게 말하면 운명이고 작게 말하면 인연이라 생각한다. 나도 강점 코칭을 받을 수 있었는데 글쓰기 코칭으로 가게되었고 글을 쓰면서 나를 찾고 있다.

같은 시간, 같은 것을 보고 나는 다른 쪽을 걸어간 것이 신기하다. 하지만 이런 일들이 돌고 돌아 다 연결되어 있다는 것이 눈에 보인다. 나도 '강점 코칭'을 조금 맛보기는 했다. 자세히 몰라도 조금은 접했다. 이것도 저것도 더 배우고 싶지만 내 시간은 한정되어 있으니 아쉬울 뿐이다.

나는 책을 읽고 강의를 접하면서 '강점 코칭', '1인 기업'이라고 하는 것을 공부할까 고민했다. 그래서 1인 기업 코칭을 받고 바쁘게 보내는 선배에게 질문했다. 저녁 10시쯤에 시작한 대화는 두 시간이 넘게 통화가 되었다. 나는 요즘 강의를 들으며 신청한 프로그램도 제대로 활용하지 못하고 있었다. 그러니 내가 더 코칭을 받는다는 것이 어렵다는 사실을 일깨워 주었다. 나도 그런 내 현실을 느끼며 귀한 시간을 내주신 선배님께 고마울 뿐이었다.

그 선배님과 대화를 하면 내게 모두 맞다고 말해 주는 것 같았다. 지금 내 생각이 틀릴지라도 지금은 맞다고 하는 것처럼 들렸다. 내일 그것이 아니라고 생각하기까지 내 생각이 옳다고 응원해 주는 것 같았다. 그 선배는 모르는 남자분과도 다섯 시간 동안 이야기를 나누었다고 하는 말이 이상하게 들리지 않았다. 그 남자분이 선배님을 찾아오기까지 많은 고민이 있었을 것이다.

남의 이야기를 그렇게 들어줄 수 있는 사람이 몇이나 될까? 그만큼 마음이 따뜻하기에 자기 일처럼 오랜 시간을 들어주지 않았을까? 말을 잘하는 사람도 많지만, 말을 잘 듣는 사람은 많지 않다. 이 선배님의 강점은 경청과 따뜻한 말을 나누는 능력이 있었다. 나도 이 선배님에게 "고맙습니다. 수고하셨습니다. 감사합니다." 하고 싶다. 매일 들어도 싫지 않은 이 말을 나도 듣고 싶다.

온라인으로 감정코칭을 한 적이 있었지만, 다시 선배님이 준 비전 보드, 사명 선언서, 비전 선언문을 보면서 흉내라도 내봤다. '나중에 할까?'

하다가 항상 미루는 나쁜 습관이 나의 머리를 스쳤다. 미루는 사람 치고 잘하는 사람이 없으니 당장 해 보았다.

나의 사명 선언문은 "나는 엄마에게서 내 강점을 찾기로 선언한다. 나는 다른 엄마들과 우리 아이들에게도 강점을 찾기 위해서 존재한다." 비전 보드는 "2022년에 책 쓰기 코치 강사가 됐다. 2030년에는 엄마와 아이가 함께하는 글쓰기 스쿨을 만들고 1,000명이 코칭을 받는 비전을 만들었다. 그리하여 강연, 코치가 되어 월 소득 1,000만 원 수입을 벌었다."

'적자' 생존이라고 했던가? "쓰면 이루어진다."라는 말을 많이 하기에 나도 이렇게 쓰고 될 것이다. 나에게 꿈이 있었나? 엄마인 나도 어릴 적에는 꿈이 있었다. 그러나 크면서 잠에서 깨어나면 잊어버리는 꿈으로 생각하게 되었다. 어른이 되면서 점점 꿈을 꾸는 선택과 결단이 점점 희미했다. 그래서 아이들에게도 꿈을 꾸는 것을 제대로 보여주지 못했던 것이 아닌가? 지금이라도 엄마인 나도 꿈을 꾸고 아들들과 꿈을 나누는 대화를 하고 싶다. 이것이 나의 사명이 되고 나의 비전이 될 것이다.

결혼 후 엄마의 역할과 주부의 책임을 했던 나의 일은 내가 가지고 있는 재능과 가능성을 아직은 다 발휘하지 못했으리라 생각한다. 나의 타고난 유능성을 제대로 만들지 않고 그냥저냥 살아간다면 재미없는 인생을 살게 될 것이다. 나의 한계는 무한하고 그 가능성에 도전하는 사람이라면 성공할 수 있고 행복을 누린다고 했다. 내 잠재 능력을 믿고 도전하는 용기를 내고 있다. 돈도 중요하지만 일을 통해서 나와 다른 사람에게 감사의 말을 들을 수 있는 성공한 행복한 사람이 되고 싶다. 지금도 엄마로 행복하지만 내가 가지고 있는 잠재 능력을 발휘하는 더 행복한 사람이 되는 것이다. 그래서 나는 "나로 살아가기로 했다."

시간이라는 물을 주기로 했다

지금까지 살면서 내 시간이 없지는 않았을 것이다. 많은 시간이 있었고 나는 그 시간을 내가 선택하고 사용했다. 그런데 돌아보니 생각이 안 나는 건지, 생각을 안 한 건지 모르는 시간만 나에게 남아 있는 것 같다. '그 이유가 무엇일까?' 생각해 보았다. 그래서 나는 이제껏 살아왔던 시간을 찾기 위해서 그 시간을 모아 보고 있다.

가장 많은 시간을 보내는 곳이 일터이고 집이다. 나에게 24시간 중에 9시부터 5시까지 일하는 시간이라고 한다면 그 시간은 8시간이 된다. 그러고 나니 16시간을 집에서 보냈다. 밖에서 일하기보다는 집에서 밥을 먹고 쉬고 잠을 잤구나! 충분히 쉬고 잠잔다고 하면 8시간을 빼면 8시간 집에서 보내는 시간이다. 일하는 시간, 잠자는 시간을 빼고 내가 집에서 밥을 해 먹고 이야기하며 보내는 시간도 삼 분의 일이다.

그러면 하루에 나만의 시간은 얼마나 될지 찾아보자. 밥 먹는 시간을 계산해 본다. 간단한 아침 식사를 하면서 1시간 정도이고 점심은 밖에서 해결하고 저녁은 한 시간에서 종종 남편이 술 한잔하는 날에는 길게는 세 시간까지 갈 수 있다.

아침, 오후에 만들 수 있는 네 시간 정도 될 수 있다. 이렇게 흘러가는 시간을 잡지 못하면 시간을 만들 수 없다. 생각하지 않으면 무심히 흘러가는 시간은 TV 앞에 있으면 순식간에 더 잘 흘러간다. 그래서 나는 아침에 글쓰기 한두 시간, 오후나 저녁에 책 읽거나 강의를 듣는 시간을 만들려고 했다. 그러나 외식이나 운동한다고 신청한 강의만 겨우 들을 수 있었다.

아침에 무조건 글을 쓰는 시간 한두 시간을 오롯이 내어 주지 않는다면 그 시간을 만들지 못하게 된다. 책은 일이 없는 시간이 생기거나 틈틈이 읽지 않으면 읽지 못한다. 나는 지금 흩어졌던 시간을 모으고 있다. 책을 읽으면서 배우고 싶은 것도 많고 블로그를 접하면서 블로그를 잘 운영하는 노하우도 배우고 싶었다. 다양하게 익히고 배우고 싶었다. 그러나 내 시간은 한정되어 있는데 여러 가지로 시간을 나누고 있었다.

겨울 방학 때 그리고 요즘에 코로나19로 시간을 더 갖게 됐다. 시간이 있다고 생각하니 여러 가지 모르는 것들이 배우고 싶어졌다. 그러다 보니 생각나는 대로 하면서 계획 없이 하루를 보내게 되었다. 시간이 많아도 제대로 계획하지 않으면 하고 싶은 일들은 다 하지 못할 수 있다는 생각을 했다. 그래서 우선순위도 필요하지만 다른 일도 함께하려면 계획이 필요하다는 것을 실감하고 있다.

살아가면서 시간이 있어도 딱히 하고 싶은 일이 생기지 않을 수도 있다. 그러나 먼저 자신이 무엇을 원하고 무엇이 하고 싶은지 생각하다 보면 생각할 수 있다. 정말 하고 싶은 일이 생기면 그것을 하기 위해 시간을 만들 수 있다. 열정이 시간을 만드는 것 같다. 시간이 없기보다 무엇을 해야 하는지를 생각하지 않기 때문이다. 내가 그랬다.

아이를 키우고 남편을 도와 일을 하다 보니 하루하루 살아가기에 바빴다. 육아의 어려움을 느껴 육아 관련 책을 보기는 했다. 하지만 생각 따로 몸 따로 놀았다. 미래를 위해서 자기 계발을 하는 것을 생각을 안 했던 것은 아니다. 젊었을 때는 조금이라도 배워서 내 가치를 높이고 싶었다. 그러다 중년의 나이가 되니 '이 나이에 무엇을 하나?' 하는 생각에 편안한 일상에 안주하고 싶었다.

그러나 지금은 시간이 부족함을 느끼면서도 기쁘다. 내가 하고 싶은 일이 생겼기 때문이다. 때론 '이것을 내가 왜 이렇게 애쓰게 하고 있나?' 하는 생각이 들기도 한다. 나에 대한 믿음과 일에 대한 신념보다 안락한 일상으로 돌아가고 싶을 때도 있다. 하루에도 몇 번씩 불안한 마음도 든다. 시간이 있어도 뚜렷한 목표가 없다면 지속할 수 없고 간절함과 강한 신념이 없다면 늘 시작하기만을 반복하는 것 같다

나는 여러 가지를 배우면서 시간을 쪼개어 원하는 시간을 갖고 싶었다. 그래서 내게 주어진 시간에 가장 중요하다고 생각하는 것을 우선으로 해야 한다는 것을 많이 느끼고 있다. 원하는 내가 되기 위해 지금 할 일을 찾았다면 그 시간에 집중하려고 한다. 집중이 쉽지는 않지만 간절하다면 가능하다고 했다.

나는 책을 보면서 TV의 환경에서 나를 멀어지게 했다. 또 원하는 일이

있다면 왜 그것을 해야 하는지에 대한 신념이 생기면 그 일이 힘들어도 할 수 있다고 했다. 나는 지금 내가 원하는 일을 하지 않는다면 내가 60살이 되었을 때, 나는 왜, 그때 하지 않았나 후회할 것 같았다. 5년 후에 후회하지 않기 위해 나는 내가 원하는 글을 쓰고 책을 내고 싶다. 평범한 엄마가 글을 쓰니 '나에게 삶의 의미 하나가 만들어졌습니다.' 하며 말하고 싶다.

나에게 시간은 아직도 많다고 자기 암시를 하면서 조급하게 생각하지 않기로 했다. 그래서 내가 원하는 일을 하기 위해 나는 내 시간을 만들고 있다. 5년 후 자신을 돌아보았을 때, 그때 나에게 주었던 시간 덕분에 좋은 결실을 이루게 되었다고 말하고 싶다.

마트에서 아보카도를 사서 캘리포니아 롤을 만들어 먹고 난 후 씨가 하도 커서 '싹이 나올까?' 하며 별생각 없이 비어 있던 화분에 심었다. 그러던 어느 날 그 아보카도 씨에서 싹이 나와 커갔다. 신기해서 다른 화분에 물을 줄 때마다 빠트리지 않고 물을 주었다. 그랬더니 다른 화초에 비해 월등하게 키가 자라는 것이 보였다. 아보카도 나무가 되어가고 있었다. 내가 먹고 특별하게 생각하지 않던 과실 열매에서 싹이 났다는 것만으로도 나는 신기하고 놀랐다.

나도 이렇게 생각지도 않게 우연한 기회에 글을 쓰고 있다. 많은 시간 동안 의미 없이 흘러갔던 그 시간에서 이제는 내 꿈을 쓰고 있다. 내 시간을 만들고 책을 읽다 보니 이렇게 글까지 쓰게 되었다. 씨앗에게 시간을 주고 물을 주었더니 싹이 난 아보카도 나무처럼 내게도 싹이 자라고 있다. 책을 읽고 무심히 아침마다 글을 쓰다 보면 아보카도처럼 글이 책이 되는 상상을 한다. 그래서 나에게 시간이라는 물을 주고 있다.

내가 괜찮다

요즘은 SNS 시대라 이제는 사람들이 소통을 인스타로 한다. 인스타그램에서 맛집, 여행, 그리고 일상 등을 공유하고 있다. 이렇게 인스타그램은 지인들과 서로의 이야기를 나누고 안부를 가족들에게 알리는 좋은 공간이 되었다. 많은 사람이 이곳에서 세계의 다양한 소식을 접한다. 자기가 원하는 팔로워를 따라 이웃들이 찾아온다. 무엇보다 지인들이나 친구들이 그 소식에 '좋아요' 하고 눌러주고 있다.

나도 젊은 친구의 도움으로 인스타를 하게 되었다. 예전에는 카카오 스토리를 했지만, 지금은 인스타로 세계의 이야기를 나누어 그 범위가 커졌다. 인스타의 소식들은 일부의 단편적인 모습이 전부처럼 보이는 것이 좀 불편했다. 늘 좋은 것과 행복한 것들로 꾸미는 것으로 포장되는 것은 아닌가 생각했다.

자연을 좋아해서 늘 주말이면 제주에 좋은 산과 들로 다녔다. 또 사진을 찍는 것을 좋아하다 보니 우리 부부는 팔자 좋은 사람들이 되었다. 그래서 겉으로는 남부럽지 않은 아내이고 엄마였다. 그러나 행복한 미소 뒤에는 미래에 대한 불안한 마음을 알까 생각했다. 겉으로는 웃으며 괜찮은 척 보이지만 마음은 하루에도 천당과 지옥을 오가며 괜찮지 않을 때가 많은데 말이다.

지금까지 나는 나를 위해, 사랑하는 사람을 위해 애쓰며 살아왔다. 그것이 내가 원하는 삶이고 좋아하는 삶이었다. 그러나 이제는 엄마로 주부의 삶에서 나라는 한 사람의 삶을 생각해 보았다. 독립된 한 사람인 나는 '어떤 삶을 좋아하나?' 하는 생각을 했다. 지금까지 잘하든 못하든 내가 속한 현실에서 내가 좋아하는 삶을 꿈꾸며 애썼다. 하지만 그것은 나 자신을 사랑하는 것은 별로 없었다는 것을 느끼게 되었다. 그래서 지금이라도 용기를 내서 나에게 사랑하는 기회를 주고 있다. 나를 위해 내가 원하고 좋아하는 삶을 위해 용기를 내어 글도 쓰고 있다. 글을 쓴다는 것이 이렇게 나에게 힘과 위로가 되는 줄 글을 쓰기 전에는 몰랐다. 그래서 나 같이 평범한 주부들도 나처럼 용기를 내라고 하고 싶다. 나를 위해 사는 것은 노력하면 되는 일이기에 용기를 내야 한다고 생각했다.

이제는 예전처럼 알 수 없는 미래에 대해 불안하거나 걱정하지 않는다. 그저 지금의 나를 받아들이고 지금 할 수 있는 것에 더 생각을 집중하기로 했다. 그리고 사랑하는 사람들과 지금 주어진 것에 감사하며 함께 웃기로 했다. 이제는 내 마음이 괜찮은 척이 아닌, 있는 그대로의 "내가 괜찮다!"라고 말하고 있다.

내 일로 행복하다

"셋, 둘, 하나! 엄마, 아빠 새해 복 많이 받으세요. 올해에도 건강하시고 행복하세요!"

올해도 어김없이 아들과 전화상으로 한 해를 보내고 새해를 함께 맞이했다. 두 해 정도는 나는 일이 있어 혼자 집에서 새해를 외국에 있는 아들과 카운트다운을 하며 보냈다. 신랑은 어김없이 어머님과 새해를 보내러 갔다. 내가 일이 없을 때는 같이 가서 어머님이랑 가까운 산에 올라 소망을 빌었다. 그러나 두 해 동안 주말 파트타임으로 혼자 새해를 맞이했을 때의 서운함을 아들이 같이 해주었다.

요즘은 멀리 있어도 영상으로 시간을 공유할 수 있어서 다행이다. 사랑하는 사람과 멀리 있어도 새해를 함께 할 수 있으니 말이다. 그런데 올해부터는 일을 그만두었기에 같이 남편이랑 어머님과 함께 근처 산이라도 가서 새해를 맞으려 했다. 그러나 올겨울은 지난해와 달리 폭설로 집에 있어야 했다.

작년에는 아들에게 "아내가 일이 있어 같이 새해를 보내지 못하게 된다면 너는 어떻게 할래?" 하며 물어본 적이 있다. 아들은 영상 통화가 있어서 다행이라고 생각했을 것이다. 하나를 선택 안 해도 되니까 말이다. 나도 아들과 영상이나마 함께 할 수 있다고 생각하니 좋았다. 그래서 아들이 멀리 외국에 있어도 문명의 혜택으로 영상으로 함께 할 수 있어서 다행이다.

난 큰아이와는 각별한 정이 있다. 남편이 공부로 떨어져 지낼 때 그 어린 아들을 보며 내 마음을 달랬다. 그래서 더 애틋했고 그 아이도 아빠를 닮아 더 그렇게 엄마에게 살뜰하다. 내 남편도 그랬던 것 같다. 아버님은 세상 물정 모르시고 남 좋은 일만 하시며 마음만 좋으신 분이셨다. 아버님의 사업 실패로 어머니가 경제를 책임지며 힘들게 사신 것을 보았다. 그랬기에 자기라도 어머니를 위해 잘 해 드리고 싶은 마음이 무엇보다 컸을 것이다.

그 아들에 그 아들이다. 아빠를 닮아 내 아들도 효자다. 부전자전이라는 옛말이 하나도 틀리지 않는가 보다. 우리 아들도 아빠를 닮아서 멋지고, 자기 일을 잘하며 효자이기까지 하다. 효자는 옛날 말이 되었지만, 우리 큰아들은 어렸을 때부터 애 늙은이같이 예의를 잘 지켰다. 어렸을 때 하루에도 몇 번씩 심부름을 시킬 때마다 "다녀오겠습니다." 하고 깍듯하게 인사해서 웃었던 기억이 난다. 지금은 멀리 떨어져 있으니 매일 전화라도 하자고 말했더니 한결같다.

새해가 되니 모두 소망을 한 보따리 만들고 그것을 이루기를 빈다. 나도 그렇다. 새해에는 사랑하는 가족이 다 건강했으면 좋겠다. 아버님이 돌아가시고 씩씩하게 지내시는 어머님께서 건강하시기만 하면 좋겠다. 아버님을 만나기 전부터 여장부이시기에 잘 지내시지만, 연세가 여든이 넘으니 한 해 한 해가 다른 걸 느끼겠다.

새해에는 내가 사랑하는 사람들의 소망이 다 이루어졌으면 좋겠다. 대학 수능을 본 조카들, 지인의 딸도 다 자기가 원하는 대로 잘 이루어지기를 바란다. 모두가 자기가 바라는 것을 지금은 못 이루더라도 자신의 꿈을 늘 잃지 않았으면 좋겠다. 올해 졸업을 하는 우리 큰아들도 자기가 바라는 직장을 찾기를 바란다. 군대 간 둘째 아들도 군대에서 나라를 지키는 마음으로 자신도 멋지게 만드는 아들이 되었으면 좋겠다. 나는 책을 쓰고 출판을 해서 큰아들 작은 아들에게 선물해 주는 것이 내 소망이다.

엄마도 이렇게 했으니 너희도 할 수 있다는 것을 보여주고 싶다. 사랑하는 남편은 올해 더 많이 바쁘게 지냈으면 좋겠다. 늘 여유가 있는 당신에게 더 여유를 주는 일을 만드는 한 해가 되기를 소망했다. 이런 소망 한 보따리가 우리 모두에게 있다. 그 소망 보따리를 풀어내어 행복한 날들로 이루어졌으면 좋겠다.

어제저녁 새해를 맞이하기 전 낮에 나는 우리 큰아들과 페이스 북으로 통화했다. 통화하다가 얼굴에 여드름 자국이 보였다. 얼굴을 손으로 만지지 말라고 하면서 깨끗이 관리를 하라고 했다. '내 성격을 닮아 털털해서 관리를 잘 못 하나!' 아들은 겨울이 되니 얼굴이 건조해서 어떤 로션을 사야 할지 모르겠다고 했다. 공부한다고 바빠 이런 것에 관심이 가지 않은 거라고 생각이 들었다. 나는 같이 지내는 친구들에게 물어보고 적당한 것을 사서 바르라고 했다.

　그렇게 말을 이어 가다가 아들의 손이 눈에 들어왔다. 어릴 적에 동생이 생기면서 손을 물어뜯는 버릇이 있었다. 그러다가 커서 혼자 공부할 때도 물어뜯곤 했다. 내가 그 손을 보고 놀라자 아들은 나에게 예쁜 손을 만들겠다고 했다. 그리고 손가락 마디도 뭉툭하게 굵어져 있었다. 예전의 아기같이 예뻤던 손은 어디 갔는지 엉성한 아저씨 손으로 변해 있었다. '왜 이렇게 손의 마디가 굵어졌어!'하고 놀라서 물으니, 손이 건조해져 자꾸 뜯어서 그렇다고 했다. 그래서 핸드크림을 꼭 챙겨 바르고 장갑을 껴 손을 따뜻하게 보호하라고 했다.

　우리 아이도 컸으니 아기 손에서 어른의 손이 되었다. 그렇게 예쁜 손이 오늘은 나무에 나이테처럼 마디가 굵게 변하고 휘어져 보였다. 아들은 자기 공부와 병행하며 주말 하루 정도 반찬가게에서 파트타임을 했다. 야채를 다듬고 까고 삶고 볶으면서도 재미있다고 했다. 반찬 가게는 젊은 한국 부부가 하는 곳으로 한국 유학생을 동생처럼 아껴주고 반찬도 자주 챙겨주니 부식비도 안 든다고 했다. 약 6개월 정도 하고 공부에 집중하기 위해 그 일을 그만두었다. 그 당시에도 인턴십 프로그램에 참여하여 전공과 관련된 일을 배우면서 돈을 받고 일을 하고 있을 때라 굳이 하지 않아도 되었다. 하지만 부담되는 학비 때문인지 파트타임까지 하면서 부자가 될 거 같다고 말하던 아이였다. 대학 입학 전에 한국에 다녀가고 코로나로 오지 못해 4년이 넘어가고 있다. 그런 아들의 손마디가 굵게 휘어진 것을 보고 내 마음이 아팠다.

예전에 큰아들이 초등학교 다닐 때까지 내가 손톱을 잘라 주었다. "손톱은 반달처럼 잘라야 예쁘다. 남자도 손 관리받는 사람이 많을 정도로 중요하니까 손톱도 관리해야 한다고 말했던 거 기억나지?" 했다. 그랬더니 아들의 눈시울이 붉어지는 것을 느낄 수 있었다. 엄마의 정을 느끼며 울컥 옛 생각에 눈물이 난 것 같았다.

철없는 엄마는 그저 아들의 마음보다 내 마음만을 살피며 너의 손을 보니 엄마는 네가 힘든 것도 몰라준 것 같다고 말만 했다. "나는 너의 마음이 힘들지 않고, 글을 쓰거나 컴퓨터를 하는 예쁜 손이 되었으면 좋겠다."라고 했다. 아들은 엄마가 못 해줘서 그런 거 아니라고 했다. 그래도 나는 너의 예쁜 손을 다음에는 만져 볼 수 있게 해 달라고 했다.

얼마나 한국에 오고 싶을까? 만 18살이면 캐나다에서는 성인으로 부모가 곁에 없어도 되었기에 그때 보냈다. 대학 합격하고 한국에 다녀가고 대학 4학년이 다 되는 동안 집에 오지 못했다. 이제는 대학 졸업을 앞두고 있으니 직장 잡고 시간을 내어 한국에 왔으면 좋겠다. 집에 돌아와 푹 쉬고, 고 3 여름 방학까지 알고 지내던 친한 친구들도 만나면 좋겠다.

엄마라는 이름이 내 이름은 아니지만, 이 세상에 이 이름보다 훌륭한 이름은 없는 것 같다. 엄마로서 행복하지만, 아이도 커서 엄마의 품을 떠나듯 나도 언제나 엄마로만 살고 싶지 않다. 나도 올해 소망은 엄마 말고 내 일로 행복한 거다. 평생 엄마로만 살지 않고 책을 내고, 내 일로 행복한 것이다.

나를 더 사랑한다

결혼하면서 주말은 여가를 즐기기보다는 그동안 하지 못한 일을 하는 것이 되었다. "너희들만 몸 성히 지내면 우리는 괜찮다."라는 말을 그대로 믿으면 안 된다며 남편은 늘 주말마다 부모님을 찾아뵈었다. 나도 우리 아이들이 결혼하면 그 아이들이 그리울 것이다.

사람의 마음은 왜 그렇게 간사할까? 갈 곳이 없으면 어디를 가야 할까 하며 생각이 복잡해지고, 갈 곳이 있으면 가만히 있으면 좋겠다고 생각한다. 나의 주말은 또 다른 가족들을 찾아보는 시간이다. 일이 있으면 그렇게 못하지만, 사랑하는 가족들의 얼굴을 한 번 더 보는 것이 이제는 중요한 일과가 되었다.

내 친구는 아이들과 주말을 이용해서 보육원, 양로원을 다니며 봉사 활동을 했다고 했다. 어떤 친목 모임에서는 자원봉사를 꾸준히 하기도 한다. 봉사 활동을 하는 사람들은 시간이 많아서 하는 것은 아니다. '주는 것만큼 행복하다'는 것을 알기에 사람들이 그렇게 하는 것이 아닐까? 생각한다. 나는 다른 봉사 활동 대신 늘 함께하지 못한 가족들을 조금이라도 더 만나는 시간을 가지려고 하고 있다.

주부가 집에서 살림하면서 자기 시간을 만드는 것이 보통 어려운 일이 아니다. 눈 딱 감고 귀 막고 내 일에 열중하지 않으면 할 수 없다. 집안일은 계속해도 끝도 없다고 말하지 않던가? 주부로 일을 완벽하게 한다면 나는 힘이 들어 쉬어야 한다. 에너지와 시간은 한정되어 있기에 그것을 어디에 쓰고 어떻게 쉬어야 하는지가 나에게는 중요했다.

나는 다행히 아이들이 크니 지금부터 내 시간이 많이 있을 줄 알았다. 하지만 그 빈자리에 생활을 위해 또 일하고 있었다. 다른 엄마들도 주부이기에 주부의 강점을 살려 일을 하는 사람, 취미를 살려 일하는 사람, 자기의 전공을 살려 계속 일하고 있다.

이렇듯 사회에서 어떤 일을 하는 사람들은 나름 준비한 것에 따라 결과가 달라지는 것 같다. 많은 시간 동안 준비한 사람들은 다른 사람들에게 더 많은 영향을 줄 수 있다. 시간을 들이고 공들인 사람들도 영향력을 더 줄 수 있다. 어떤 일을 잘할 수 있기까지 얼마나 많은 시간이 걸릴까? 나는 그런 시간과 노력 없이 잘하는 일이 생겼으면 하고 바랄 때가 많았다. 지금 나는 오랫동안 해 오던 일도 아니고 잘하는 일도 아닌, 이도 저도 아닌 새로운 일을 하려고 한다.

나는 우연한 계기로 책을 읽기 시작하면서 글을 쓰게 되었다. 익숙한 일상에서 새로운 환경을 만들고 더 나은 자신을 위해 노력하고 있다. 오랜 시간 동안 해 온 것도 아니고 노하우가 생긴 것도 아니기에 많은 시행착오를 겪는다. 주중에는 일하고 주말에 더 바쁜 나는 새로운 일을 하기 위해 시간을 만들고 있다. 직장을 가진 주부나, 아이가 어린 주부들이 나와 같은 입장인 것 같다. 자신보다 일과 가족의 문제가 더 우선인 것이 워킹 맘이고 엄마이다.

한국의 엄마들은 아이도 돌보며 틈틈이 자기 일과 자기 계발을 하는 것 같다. 주부들은 바쁜 일상에도 불구하고 가만히 있지 않고 지금보다 좀 더 나은 자신을 만들기 위해 애쓰는 것 같다. 이렇게 항상 새로운 일에 도전하는 주부들은 미래지향적이고 진취적이고 열정이 많다. 그래서 인내하고 부지런하며 섬세한 성격은 엄마라서 더 만들어지는 것이 아닐까 생각했다.

요즘 엄마들은 현명해서 자신을 사랑하며 행복한 고민도 많이 하면서 살아간다. 나도 가랑비에 옷이 젖듯이 잠깐이라도 나를 둘러싼 세상을 바라보며 생각하기를 반복하고 있다. 나는 집안일을 많이 하는 편은 아니지만 하게 되면 그만큼 에너지를 보충해야 했다. 그래서 아이들이 어렸을 때는 아이들 잘 때 쉬기 위해 영화를 보거나 맥주 한 잔을 하기도 했다. 그러나 이제 맥주나 소맥은 생각하기 싫다.

"나랑 이런 시간을 가졌던 것이 나중에는 소중한 추억이 될 거야. 내가 고마운 줄 알아!" 하면서 이야기를 핑계로 남편은 소맥을 먹으면서 많은 시간을 같이 보냈다. 서로 이야기를 나누며 아이 이야기, 자기 이야기를 하면서 소통을 해서 좋았다. 부족한 것도 문제지만, 지나치게 과도한 것도 문제가 된다. 모든 것은 정도껏 하는 것이 좋다. 할 일이 많은 나를 좀 쉬게 하고, 아내를 위해 배려를 해주었으면 하는 아쉬움이 남는다.

그런 시간이 지나고 중년의 시기를 맞이하게 되었다. 지금은 남편도 건강을 위해 운동하는 시간을 갖고 나도 내 시간을 가지며 서로를 위한 시간을 주며 달라지고 있다. 나는 내가 보고 싶은 책들을 사서 시간이 많은 남편에게 보여주었더니 나보다 더 빨리 읽는다. 그러면서 작가 남편은 힘들다고 놀린다.

글을 쓰면서 책도 더 읽고 여러 가지 배우고 싶은 것들이 많아지고 있다. 잊어버렸던 시간을 모으고 조금씩 내 시간으로 채워보고 있다. 중년이라 친구들과 수다를 떨며 시간을 보내는 것이 최고였던 내가 변하고 있다.

주중에는 일터에서, 집이라는 쉼터에서 나는 생활한다. 주말은 주말대로 바쁜 일상에서 나를 위한 시간은 적었다. 일상이 바쁘게 돌아가는 중에 나는 내 시간이 필요하다는 생각을 하게 되었다. 집에서 쉴 때도 늘 일의 연속 같아서 쉬는 것도 제대로 쉬는 것이 필요하다는 것을 느끼고 있다. 나도 아무 생각 없이 쉬고 싶다. 하지만 지금은 내가 하고 싶은 일이 생기면서 그 시간이 쉼이 되었다. 그것이 누구에게도 방해받지 않는 이른 아침에 내 시간을 만들고 글을 쓰는 일이다. 이 시간에 '나를 찾고, 내가 무엇을 좋아하며, 무엇을 잘할 수 있는지를 찾는 시간이 되고 있다. 이제껏 주부로 가족들만 사랑했던 자리에서 이제는 내 자리를 만들고 나를 더 사랑하는 사람이 되어가고 있다.

내 인생에 미안하지 않도록

"당신 버킷 리스트는 뭐?"

"응, 올해는 책을 내고 아들을 만나서 여행을 하고 싶어."

"아니, 올해 계획 말고 내가 이루고 싶은 소망을 언제까지 성취한다는 현재형으로 말하는 거야!

"그러면 당신은?"

"나는 중장비를 배울 거야."

나는 올해 말고 3년 후, 10년 후는 잘 모르겠다. 남편은 자연인처럼 땅을 일구며 살고 싶은 것 같다. 아직도 그런 노후를 가지려면 약 10년은 더 있어야 할 것 같은데? 이제껏 나는 내가 무엇을 좋아하고, 무엇을 하고 싶은지를 생각하기보다는 가족들을 더 생각하며 살았다. 절약해서 여유

자금을 모아야 100세 시대에 노후를 준비할 수 있다는 막연한 생각만 하고 지내왔다.

내일의 나를 위해서 오늘을 열심히 사는 것이 정답으로만 알고 지냈다. 지금도 오늘보다 나은 내일을 위해 하루하루를 보내고 있다. 그러면 그 내일이 찾아오는 걸까? 노력하면 안 되는 것이 없으니 뜻이 있으면 이룰 수 있으리라 생각이 든다. 하지만 좀 더 구체적으로 한다면 더 성공 확률이 높다고 했다. 상상하는 대로 이루어지고 그 꿈을 생생하게 그려보고 언제까지 그것을 실행하겠다고 선언하라고 했다.

많은 사람이 자기만의 꿈을 갖고 열심히 생활하고 있다. 잠자는 것도 줄여가며 공부하고 있는 큰아들, 독후감을 쓰면 포상 휴가를 준다고 해서 열심히 쓴다는 군대 간 아들, 아침마다 '써 봤니!' 하며 독수리 타법으로 글을 쓰면서 컴퓨터는 이게 '왜 이러지?' 하며 힘들게 하는 내가 있다. 영어적 표현을 익혀 언제 써먹을지는 모르겠지만 영어를 늘 가까이하는 내 남편도 있다.

예전에는 취미를 독서, 음악 감상이라고 많이 적었다. 남편은 이런 말은 옛날에는 취미에 의례적으로 적는 것이라고 했다. 나도 초등학교 시절 설문지에 취미가 무엇인지를 쓰는 질문에 독서라고 적었던 게 기억이 난다. 요즘은 다양한 취미가 많이 생기고 있으니 이것은 옛날이야기인 줄 만 알았다. 그런데 이런 형식적인 취미로 생각했던 독서가 책 읽기뿐 아니라 독서에 관한 강의, 글쓰기 등 보다 다양한 영역으로 넓혀가고 있다.

요즘엔 책 읽기가 좋아서 읽기보다는 내가 좋아하는 일을 찾고 성장하고 싶어서 책을 읽고 있다. 다른 사람들이 들려주는 다양한 글을 읽으며 내 생각이 더 넓어지고 있다. 이제 책은 내게 친구처럼 가깝고 내가 알지 못하는 것들을 알려주는 스승이 되고 있다. '내 목적과 목표는 무엇이며 무엇을 준비하며 오늘을 살고 있지?' 중년이라는 인생의 제2 막을 어떤 일을 하는 것이 좋을까?' 고민하면서 책을 읽고 강의도 듣게 되었다. 코로나로 힘든 시간을 보내는 분들도 많지만, 미래를 준비하며 한 걸음 나아가 있는 사람들도 많았다. 나도 새로운 일에 대해 생각하며 한 걸음씩 행동으로 옮기면서 이 힘든 시간이 힘들게 느껴지지 않았다.

덕분에 여러 가지 정보를 온라인을 통해서 들으며 배울 수 있게 되었다. 그러면서 작은 생각과 행동들을 모아 글을 쓰게 되었다. 평범한 사람도 글을 쓸 수 있다는 말을 믿고 용기를 내고 있다. 남보다 잘하는 것이 특별히 없다고 생각했지만 누구에게나 자신의 이야기가 있다는 말에 나는 용감하게 내 생각과 삶에 대한 글을 써 보기로 했다. 글을 쓰는 것이 쉽지는 않지만, 글을 쓰는 것이 최고의 자기 계발이 된다고 했다. 그래서 내 생각과 비슷한 책도 읽고 생각을 정리하며 나를 찾는 글을 쓰게 되었다.

'내가 좋아하고 잘하는 일이 무엇일까?'하고 생각하고 생각했다. 내가 원하고 좋아하는 일을 열심히 찾다 보면 가만히 있을 때보다 나를 알 수 있고, 내가 잘하는 일도 보다 효과적으로 찾을 수도 있지 않을까? 하는 생각으로 글을 써가고 있다.

온라인 강의에서 자기가 원하고, 하고 싶은 일을 장기적으로는 10년, 단기적으로는 3년, 5년 후, 그리고 올해의 목표까지 생각하는 시간을 가졌었다. 주말에 차를 타고 가면서 남편에게 버킷 리스트를 물어보며 올해 목표를 나누었다. 예전에 읽었던 책을 생각하며 버킷 리스트를 생각해 보았다. 하고 싶고 이루고 싶은 일은 많았지만 적는 것에는 용기와 책임이 있다는 생각에 주저하고 있었다. 그러나 더 미루지 않고 지금 내가 하고 싶은 것이 무엇인지 생각했다. 하지만 금방 떠오르지 않아 인터넷으로 버킷 리스트를 검색하다 보니 스쿠버 다이빙이 보였다. 바닷속이 궁금한 나는 스쿠버 다이빙을 하고 싶어 찾아보니 세부 여행이 나왔다.

"세부가 어디 있어?" 운전하는 남편에게 물었다.

"동남아에 있을걸?" 하길래 검색을 했다.

"베트남이네!"

"왜? 세부 가게?""응!"

"촌스럽게 거기 간다고 하냐! 누구나 다녀온 곳을…."

"그렇지만 나는 가보지 않았는데!"

예전에 우리는 결혼 15주년에 동남아 여행을 가보려고 했다. 열심히 계획은 짰으나 가지 못했다. 시간도 충분치 않았고 마음의 여유도 없었다. 반강제적으로 모임에서 가거나 가족 중에 한 사람이 크게 맘먹고 시행하지 않으면 안 되는 일이다. 돈은 안 남지만 좋은 추억은 평생 기억에 남는다는 것을 알고 있기는 하지만 말이다. 하루빨리 마음의 여유를 갖고 여행 다니는 날을 기다려 본다.

요사이 "나는 책을 사고 남편은 읽고" 할 정도로 틈틈이 책을 읽더니 나보다 더 잘 버킷 리스트를 알고 있었다. 항상 나보다 무엇을 하면 더 잘할 것 같은데 내 마음과 다른 것 같다. 어쩔 수 없이 '자기 계발은 나 혼자라도 해야지!' 하면서 산다. 남편은 무슨 믿는 백이 있는지 미래가 별로 두렵거나 도전하는 것이 없는 듯하다. 겉으론 그래도 다 생각하면서 지내겠지 한다. 그렇지만 남편도 자기가 좋아하는 일을 하면서 여행을 하는 날이 오기를 바라는 것 같다. 그것이 구체적으로 행동으로 만들어지면 얼마나 좋을까?

새해에는 내 버킷 리스트를 생각하며 행복한 새해를 계획했다. 여러 가지 목표들을 이루기 위해 올해를 멋지게 만들 생각을 했기에 작은 시작은 했고 달성할 일만 남았다. 올해에 이루고 싶은 소망을 내 수첩에 꼭 적어 다시 돌아오는 새해에 축하해 줄 것이다.

'글을 쓰면 작가가 된다고 한다. 글만 쓰면 작가가 될 수 있다고?' 하면서 무모하게 시작하고 있다. 이렇게 선언하고 행동하는 것이 지름길인 것 같아 큰 비전을 상상하며 하고 있다. 나를 변화시키고 지금보다 나은 내가 되기 위해 하루하루의 생각을 적고 있다. 호언장담만 하는 실없는 사람이 되고 싶지 않다. 나는 원래 책임감이 강하니 하면 할 수 있는 사람이라고 말하며 하고 있다. 지금 나는 내 작은 생각의 씨앗에 물을 주고 거름을 주고 있다. 내 인생에 미안하지 않도록 말이다.

엄마는 미움받을 용기가 필요해

명절 때 형제가 많은 친정집에서 밥을 먹을 때면 항상 웃음이 떠나지 않았다. 즐겁게 웃는 그 식사 시간에 웃지 못하고 있는 나를 발견했다. 화들짝 놀라며 집에 돌아와 생각하게 되었다. '왜, 난 언니, 오빠들과 즐겁게 대화를 못 하는 걸까?' 늘 웃는 밝은 성격인데 결혼 후 어느새 웃음이 적어진 것 같다. 그런 나를 보며 무엇이 문제인지 생각해 보았다. 문제는 나를 사랑하지 않는 것 같았다.

'아이 보느라, 일하느라 바쁘다고 나를 사랑할 시간이 없었을까?' 처음에는 마음의 여유가 없고 자신을 생각할 틈이 없어서 그럴 수 있다. 바쁘다는 핑계로 여유가 없다는 이유로 내 마음을 제대로 이해하지 못한 것은 아닐까? 제일 먼저 나 자신에게 힘과 용기를 줘야 하는데 늘 나는 나를 질책하는 강한 내가 보였다.

시집을 가니 사랑받는 기분보다는 늘 내가 모자란 부분만 보여서 웃을 수가 없었다. 요리를 잘하거나 집안 살림을 똑 부러지게 하거나 세상 물정을 잘 알지도 못했다. 무엇인지 모르는 것들이 나를 더 웃지 못하게 했다. 그때는 나 자신을 제대로 위로해 주지도 못하고 내 못난 모습을 늘 질책하며 나를 이해하지 못했던 것 같다.

모든 사람은 다른 환경과 각기 다른 장점이 있는 데 나는 남과 비교하며 부족한 것에만 집중하고 있었다. 그래서 그때는 왜 내가 그렇게 자신감이 없는지 알 수가 없었다. 겉으로는 아무렇지 않게 보여도 속마음은 감출 수가 없다는 것을 느꼈다. "이빨이 없으면 잇몸으로 산다."라는 말이 있듯이 나는 그렇게 살아가고 있었던 것 같았다.

그래서 나는 나를 찾기 시작하면서 자신감을 찾기 위해 자존감에 관한 책을 찾아 읽었다. 나에게 관심을 주고 나를 그저 사랑하라고 했다. 요즘 시대에는 누구보다 자기를 더 사랑하라는 말을 많이 듣는다. '나를 사랑한다는 것이 뭘까?' 사전적 의미로 본다면 "어떤 사람이나 존재를 몹시 아끼고 귀중하게 여기는 마음, 또는 그런 일"이라고 정의하고 있었다.

지금껏 나는 주부로 나보다 가족들을 더 사랑하려고 했나 보다. 지금이라도 나에게 관심을 주고 자책하지 말고 있는 그대로 나를 이해하고 아끼고 소중하게 생각하고 싶었다. 그저 내 감정을 이해하고 내 마음을 살펴주는 것이 나를 아껴주는 사랑이 아닐까 생각하게 되었다.

'그동안 애썼다. 내가 나를 많이 생각한다고 했는데, 그동안 몰라줘서 미안해! 이제는 나를 이해하려고 해. 사람들은 다 다르니까 내가 잘하지 못하는 일도 있을 수 있어! 이제는 나를 있는 그대로 사랑하고 내가 잘하는 일은 무엇인지를 찾으며 웃으며 살아갈 거야. 나는 무엇이든 마음만 먹으면 잘할 수 있어!' 이렇게 나를 위로하고 응원하고 있다. 잘나지 못한 있는 그대로 못난 나도 받아들이고 이해한다면 다른 사람들도 있는 그대로 받아들이고 이해하려는 마음이 생길 것 같았다. 이제부터는 내가 부족한 부분에 집중하기보다는 있는 그대로 못난 나도 소중하게 생각하기로 했다.

'자존감이 사랑이고, 사랑이 곧 자존감인가? 사랑이 부족하면 자존감이 떨어지고 사랑을 받을수록 자존감이 높아지는 걸까?' 사랑받지 못하거나 다른 사람에게 어떤 일로 상처를 받더라도 자신을 사랑하는 것이 무엇인지 생각해야 한다. 그것이 쉽지는 않다. 나조차도 나를 격려하지 않고, 위로하지 않고, 칭찬하지 않는 나는 얼마나 힘들었을까? 그래도 보이지 않은 가슴 깊은 곳에 나를 사랑하는 힘은 나에게, 누구에게도 있는 것 같다.

많은 사람이 자신을 사랑한다고 말하지만 어떻게 사랑을 해야 할지 잘 모른다. 사람마다 사랑을 다르게 표현한다. 그 사랑을 제대로 표현하는 것이 어렵다는 것이 문제다. 결혼 전에도 결혼 후에도 나는 남들과 비교하며 나도 남들처럼 잘하려고 나를 강하게 몰았다. 그것이 나를 사랑하는 것인 줄 알고 매일 나의 모자란 부분만을 생각하며 자책했다. 사랑하지만 훈육을 해서 올바르게 가르치고 싶은 부모님의 강한 성격이 자녀들의 자존감에 상처를 줄 수 있듯이 그렇게 사랑은 쉽지 않고 어렵다. 이제 나는 어떻게 나를 사랑해 주어야 하는지, 어떻게 자녀를 사랑해 주어야 하는지 조금씩 느끼고 있다.

결혼 후 나는 새로운 환경으로 더 힘들었다. 남을 더 의식하면서 그 변화 속에서 자존감과 자신감이 더 떨어졌던 것 같다. 나는 나를 이해하거나 사랑한다는 것이 무엇인지 모르는 채 하루하루 살았는지 모른다. 그래도 누군가, 그리고 나도 조금이나마 나를 사랑하는 마음이 있었기에 살아갈 수 있었을 것이다. 비록 그땐 나를 사랑한다는 것이 무엇인지 모르는 채 살았지만 말이다.

여자나 남자나 결혼 후의 삶은 내가 살던 고향을 떠나 알 수 없는 곳에 이사한 것처럼 낯선 환경일 수 있다. 그나마 남자들은 자기 집, 고향에서 가깝게 지낼 수도 있다. 그러나 여자들은 남자의 일을 따라 고향을 떠나 홀로 멀리 떨어져 새로운 곳에서 용감하게 남편과 살아간다. 사랑하기에 같이 살기로 했는데, 사랑만으로 살기에는 힘든 일이 많다. 그런 새로운 환경에서 아이까지 생기니 그 변화의 미묘한 감정은 여자만이 느낄 수 있다. 그래서 여자들은 결혼해서 새로운 환경에 적응하기 위해서는 더 많은 시간과 노력이 필요한 것 같다.

우리 어머니가 그랬던 것처럼 여자라서 엄마라서 참고 인내하는 것이 많았던 것 같다. 내가 사는 한국이라는 곳은 아직도 여자에게 점수를 주기보다는 한 수 접고 시작한다. 어딘가 불리한 입장에서 살아내야 하는 현실을 이겨 내야 하니 말이다. 그래서 내가 생각하기에 한국의 여자들은 대단하다.

내가 진정 행복하길 원한다면 내가 선택하고 결정하며 살아가는 나를 이해하고 사랑해 주어야 한다. 이런 생각조차 못 하면서 숨이 차게 살아가지 않았으면 좋겠다. 모르는 길을 걷다 자기가 가는 길이 맞는지 계속 물어보며 가듯이 내가 살아가는 길이 내가 행복한 길로 가는 건지를 물었으면 좋겠다. 내 마음의 상처가 있는지, 그 상처가 병이 되지 않게 자신을 돌아봤으면 좋겠다.

자신을 사랑하는 마음의 여유와 생각할 겨를 없이 바쁘게 살아가야 하는 주부들에게는 꿈같은 이야기일 수 있다. 하지만 힘들다고, 바쁘다고 아이의 마음과 감정을 소홀히 하면 안 되듯이 엄마인 나도 똑같다.

내 마음을 알아가기 시작한 것은 내 이야기를 쓰면서 책을 찾아 읽고, 내 생각을 정리하면서 시작되었다. 나는 나의 마음도 모르고 지내던 것 같다. 그런 나를 찾고 싶어 글을 쓰며 나를 이해하고 사랑할 수 있는 소중한 시간이 되었다.

지금까지 나를 사랑하는 것이 무엇인지 모르며 지냈다. 이제껏 나보다 다른 사람들의 말에 의해 나를 판단했다. 나는 다른 사람과 다를 수 있다는 것을 모르고 남들이 하는 말에만 신경을 쓰며 살았다는 것을 깨달았다. 이제는 다른 사람이 생각하는 나를 받아들이는 것이 아니라, 다른 사람과 다른 나를 받아들이고 사랑하기로 했다. 나는 누구보다 사랑받을 자격이 충분하다고 크게 소리라도 치고 싶지만 소심하게 이렇게 글을 쓰면서 말한다. 지금까지 소홀했던 나를 사랑하기 위해 사랑하는 사람들에게 조금 미움받더라도 남과 다른 나를 받아들이고 그런 나를 사랑할 수 있는 용기를 내고 싶다.

특별하지 않아도 괜찮아

요즘 '엄마'에서 '나'로 당당하기 위해 나를 찾는 시간을 만들고 있다. 과거의 나도 보고 엄마로서 내 모습도 들여다보고 있다. '아이를 사랑하는 것처럼 나를 아이만큼 사랑할 수 있을까?' 하며 엄마인 '나는 어떤 사람인가?' 생각해 보았다. 나는 자의식이 강하지도 않고 자신에 대한 확신도 늘 없다고 생각하며 지냈다. 나를 평가 절하하고 심한 열등감에 싸여 있었다. 아이들을 키우면서 내 생각처럼 아이들이 잘 따라주지 않을 때도 있었다. 부모의 기대치가 높기에 아이는 아이대로 힘들고 나는 나대로 힘들던 시간도 있었다. 아이가 잘되고 못 되는 것이 엄마의 양육에서 비롯되는 것이라는 생각으로 늘 불안해하면서 전전긍긍하며 지냈다.

그러던 나는 특별한 것 없는 나를 바라보며 '내가 무엇을 잘할 수 있을까?' 하며 자신감이 없는 내가 보였다. 부모인 나도 잘하는 것이 없는 것 같아 자신감이 없으면서 아이에게는 자신감을 강요했다. "너는 도대체 왜 그러니?" "너는 왜 그것밖에 안 되니!" 하며 실망스럽다고 했다. 자신도 허술한 면이 많으면서 어른이라고, 부모라는 자격으로 아이들을 타박하기만 했다.

나는 호기심을 갖고 세상을 바라보며 세상은 신나고 재미있는 곳이라는 생각을 하지 못했다. 그저 인내하고 고통을 참아내야 무엇인가를 성취할 수 있는 줄 알았다. 그런 경쟁에서 살아남아야만 되는 거라고 하면서 말이다. 아이를 키우면서 한국의 경쟁 사회를 비판하면서도 자식에게 그렇게 하라고 강요했던 그런 엄마였다.

내가 사회적 환경을 바꿀 수는 없기에 남에게 뒤처지지 말고 앞서 나가라고 아이들에게 강요했다. 세상을 살아가면서 무엇이 중요한 것인지를 알아가기보다 남들이 뛰니까 너도 뛰라고만 했다. 엄마인 '나도 누구인지, 나는 어떤 것을 좋아하는지, 나를 위하는 것이 무엇인지' 생각하지 못했다. 그런 마음의 여유가 내게도 없었으니 아이에게도 우격다짐만 하면서 키웠다.

아이도 재미있는 세상이기보다는 학생으로서 학업만을 위한 시간이 많아 힘들었을 것이다. 아이가 좋아하고, 하고 싶은 것보다는 학교가 원하는 정답만을 찾기 위해 힘이 많이 들었을 것이다. 여러 가지에 관심을 가지기보다는 호기심을 버리고 공부에만 집중하며 자신을 맞추지 않으면 안 되었으니 말이다. 늘 새로운 것에 관심이 많고 친구들과 즐겁게 지내는 것을 더 좋아하는 아이들은 학업이 힘들었을 것이다. 부모라는 어른도 살아가면서 자신이 원하는 것을 찾고 이루어 가는 것이 쉽지 않다.

그래도 부모로서 아이들에게 자신이 무엇을 잘하고 원하는 것을 찾을 수 있도록 도와주어야 하는데 말이다.

우리 부부는 아이에게 무조건 잘하지 못한다고만 했다. 어른들도 자신을 찾아 헤매듯이 우리 아이도 그렇게 자기와 싸우고 있었다는 생각이 들었다. 그것을 이겨 내기 위해 많은 응원과 격려해 주는 것이 부모인데 말이다.

20살에 '나는 무엇을 하고 싶을까?' 하는 고민이나, 50대에 제2의 인생을 위해 어떤 새로운 일에 도전하는 것이 정도의 차이는 있겠지만 비슷하다는 생각을 했다. 만 20세가 넘은 우리 아이들은 부모의 높은 기대치에 얼마나 많은 상처를 받았을까? 50이 넘는 나도 힘든데 엄마라는 이름으로 아이에게 많은 것을 생각하라고 했다.

따뜻한 위로의 말보다 결과만을 바라보면서 실망을 토해내며 아픔을 주었다. 부모로부터 가장 사랑받아야 할 아이에게 부모는 무서운 존재였을 수 있다. 이런 나를 반성하며 책에서 읽은 〈별〉을 쓴 알퐁스 도데의 〈황금의 뇌를 가진 사나이〉의 이야기를 하고 싶다.

"옛날에 아이가 태어났는데, 의사 선생님은 이 아이가 오래 살지 못한다고 했다. 그 아이의 머리가 이상하리만큼 크고 무거웠기 때문이다. 어느 날 그 아이는 계단에서 굴러떨어져 대리석 층계에 이마를 세게 부딪힌다. 부모가 놀라서 뛰어와 아이를 일으켜 보니 큰 상처는 없었지만, 머리카락 사이에 삐죽이 황금 부스러기가 나와 있었다. 그 아이가 황금으로 된 뇌를 가지고 있다는 사실을 비로소 알게 된 것이다.

이날부터 부모는 아이를 누가 유괴해 갈까 봐 밖에 나다니지 못하게 했다. 아이가 자라서 18살이 되었을 때 부모는 그가 태어날 때부터 가지고 있던 비밀을 알려준다. 그러면서 너를 키우느라 애간장을 태웠으니 그에 대한 보답으로 머릿속의 황금을 조금만 나눠줄 수 없겠냐고 한다. 아이는 선뜻 호두 알 크기만 한 황금 덩어리를 자신의 두 개 골에서 떼어 내어 어머니에게 주었다.

그는 그때부터 머릿속에 들어 있는 값비싼 황금에 정신이 팔려 이 황금이면 세상에서 무슨 일이든지 할 수 있을 거라고 자만하게 된다. 그는 황금을 마구 낭비하면서 왕족처럼 사치스럽게 살아간다. 뇌 속의 황금은 방탕한 생활로 인해 자꾸 줄어들고 못된 친구에게 도둑맞기도 한다. 그러다가 마침내 골속이 다 비어 인생을 제대로 살아보지도 못한 채 죽음에 이르게 된다는 이야기이다.

아이에게 이런 보물이 너 안에 있고 엄마에게도 있다고 말하고 싶다. 그 황금을 잘 다듬고 관리해서 귀하게 사용해야 한다고 말하고 싶다. 세상의 모든 것이 내가 알고, 생각한 것만큼 할 수 있다. 그래서 더 많이 찾고 배우기를 게을리하지 않았으면 좋겠다. 그래서 진정으로 자신을 사랑하는 것이 무엇인지를 생각하고 생각했으면 좋겠다. 때로는 잘못된 길을 갈지라도 다시 돌아오는 용기를 갖고 늘 도전하는 아이가 됐으면 좋겠다. 엄마처럼!

평범한 엄마도, 너도 특별하지 않아도 괜찮아! 평범함 속에서도 자신만의 보석이 있으니까 말이야!

성공을 부르는 작은 습관

"여보! 나, 다리 좀 다쳐서 병원에 가고 있어."

"네? 어디 다쳤어요?"

"응, 발가락이 좀."

요즘 남편은 한두 잔 마시던 술로 중년이라는 이유로 배는 날이 갈수록 커져만 갔다. 코로나로 동네 산책으로는 제대로 운동이 안 되었다. 좋아하는 술을 마시지 말아야 하는데 그것이 문제이다. 그래서 먹은 것만큼 살을 빼기 위해 운동이라도 해야 했다. 매일 저녁을 먹고 나면 같이 산책하려고 내 얼굴을 본다. 잔뜩 자기가 좋아하는 반찬과 술로 커진 배로 금방 잠을 자버리니 내가 함께 운동하러 나가지 않는다면 큰 문제다. 그러니 나와 산책하기를 좋아한다. 그러던 남편이 태권도장에 등록해 운동을 해 보겠다고 했다. 이제는 저녁마다 같이 산책을 안 다녀도 되니 내심 기뺐다. 남편이 도장에 간 지 이틀째에 탈이 났다.

처음에 전화를 받았을 때는 운동하다 살짝 삐었겠지 생각했다. 두 번째 전화로 수술이 필요하다고 해서 급히 택시를 타고 병원으로 갔다. 남편의 얼굴 한 번, 발 한번, 관장님 얼굴을 보았다. 다친 것도 다친 거지만 사고로 놀라고 있는 사람들의 얼굴이 먼저 들어왔다. 남편의 발은 보기에도 심각해 보였지만 다행히 다음날 수술을 하고 나니 마음이 한시름 놓였다.

이런 요즘 '나의 하루는 무엇을 위해 일어나고 생활하고 마치고 있는지' 생각을 하게 되었다. 특별하지 않은 평범한 주부인 나를 보며 이제껏 내가 한 것이 없어 보였다. 마음 깊은 곳에서는 주부의 자리가 얼마나 중요한지 자부심이 생기지만 내 마음은 늘 허전했다. 그래서 요즘 주부에서 나를 바라보며 많은 시간을 내게 쓰고 있다. 밖에서 하는 일, 집에서 하던 일에서 더욱이 아이들이 크고 하니 이제는 내 시간을 만들려고 일들을 줄였다.

이른 아침마다 책을 읽고, 끙끙거리며 글을 쓰는 나를 놀리던 남편이 사라져 버렸다. 집 안 청소, 설거지를 도와주던 우렁이 남편이 없어져 버렸다. 나는 병원 밥을 안 먹는 까칠한 남편을 위해 열심히 식사 준비를 해야 했다. 이제껏 나처럼 가족을 위해 나를 위해 봉사하는 남편이기에 나도 기쁜 마음으로 음식을 해주고 싶었다. 그러면서 주부로서 그리고 엄마로서 하루의 시작을 사랑하는 가족을 위해서 부지런히 움직였던 것이 나에게 어떤 의미였는지 생각하게 했다. 그 평범한 일상이 지금에 와서야 얼마나 소중하고 중요한지를 느끼게 되었다. 예전에는 사회적으로 자기의 역할을 잘하는 여자만이 성공적인 삶인 것 같았다. 그래서 주부의 삶이 대부분인 내가 초라하게 느껴지고 있었다.

그러나 지금은 주부로 20년 이상을 보내고 나니, 집안에서는 CEO 자리로 인정해 주니 나도 잘한 것 같다. 소중한 가족을 생각하며 엄마로, 아내로 하는 음식도 특별하지 않지만, 가족들은 사랑을 느낄 수 있다면서 늘 좋아해 주었다. 초라하게 느꼈던 내 일상이 이제는 더 이상 무의미하지 않다는 생각을 이제는 하고 있다.

예전에 시장을 보고 나면 밥이 차려지길 기다리며 TV를 보며 숟가락만 들던 남편이 얄미웠다. 20년 살다 보니 이제는 같이 시장 보고 다듬고 씻고 같이 요리를 한다. 살다 보니 이런 날이 왔다. 나도 밖에서도 일하고 시대가 많이 변했으니 말이다. 나는 남편과 같이 요리를 하니까 꼭 펜션에 놀러 온 것 같다고 하면서 좋아해 주었다. 누구나 음식을 하는 것보다 먹는 것을 나도 좋아한다. 그러나 가족을 사랑하는 엄마의 일은 대부분이 음식을 만드는 것이 되었다. 그래서 음식을 하는 것을 좋아하기보다 주부의 할 일이라고 생각하고 책임 의식을 갖고 해내었다.

애들을 키우면서 일을 할 때는 내가 쉬기 위해서 주말은 음식을 시켜 먹거나 외식을 했다. 그러나 지금은 남편이랑 음식을 만들 때면 귀찮고 힘든 과정이라고 여겼던 일들이 즐겁고 건강한 집 밥을 만드는 과정이 되었다.

"밥은 이렇게 쌀을 씻어 밥통에 넣고 스위치를 누르면 되고, 된장국은 된장을 풀고 갖은 야채를 썰어 넣어 끓이면 되는 거야! 할 수 있지!" 첫째 아들을 캐나다로 유학을 보내면서 아빠가 미리 구한 홈스테이가 마음에 안 들어 아들과 집을 다시 구했다. 만 18살이 되었으니 너도 대학생이나 마찬가지이니 자취를 할 수 있다고 하며 집을 구하고 내가 한국으로 돌아오기 전에 밥과 국 만드는 법을 가르쳐 주었다. 한국에 있을 때 공부하라고만 하면서 아무것도 안 시킨 내 잘못을 탓하고 있을 수는 없었다. 늦었다고 생각할 때가 가장 빠르다는 것을 느끼고 느꼈다. 계란 프라이와 라면만 끓일 줄 알고 시집을 간 나처럼 아들도 나를 닮아 있었다.

음식을 안 하던 아들이 밥을 먹으면서 아직 익숙하지 않은 것을 다시 물었다. "엄마, 밥을 어떻게 한다고요?" 하면서 말이다. 한 번도 해 본 적이 없던 아이가 직접 하려고 하니 몸에 배지 않아 머릿속이 복잡했을 것이다. 그러던 아들은 자취 5년이 되다 보니 나보다 더 멋진 요리를 해서 카톡으로 사진을 보내온다. 자기 사진보다 요리 사진이 더 많다. 아이들이 크니 엄마로서 아이들에게 할 수 있는 것은 사랑을 담은 밥이었다. 그래서 아들은 엄마가 걱정하지 않게 자신도 잘하고 있다는 것을 나에게 보여주고 싶었던 것 같다.

아이들이 어릴 때나 커서나 엄마로 해줄 수 있는 것은 따뜻한 밥 한 그릇이었다. 그 밥에 엄마의 사랑이 고스란히 담아져 있기에 우리 아이는 밥을 먹은 것이 아니라 사랑을 먹고 있었다. 친정어머니는 남편과 친정집에 가면 무조건 밥부터 주셨다. 밥을 먹지 않으면 서운해하셨다. 엄마의 사랑은 밥에 있었다. 그때 나는 '엄마가 왜 이렇게 밥을 중요하게 생각할까?' 했다. 결혼해도 자기 자식 밥을 챙겨주고 싶은 엄마의 마음을 이제는 알겠다. 엄마를 닮아 나도 우리 아이에게 해줄 수 있는 사랑을 밥에 담아 주고 있었다.

아픔을 나눈 동지 같은 첫째 아들은 아빠를 닮아 내가 하는 것은 다 맛있다고 좋아했다. 어릴 적 아이들이 피자를 좋아하니 밀가루 대신 밥을 눌러 누룽지 피자를 만들어 주었다. 둘째 아들이 아토피이기 때문에 아이들 입맛보다 아이들의 건강이 중요하기에 건강한 먹거리를 만들려고 노력했다. 엄마표 피자, 샌드위치, 떡꼬치, 떡볶이 등등 아이들의 간식을 직접 해주는 것을 즐겼다. 간식을 먹으며 "아이들 간식 가게라도 할까?" 하며 아이들과 웃기도 했다.

아이들은 밖에서 파는 음식을 더 좋아한다. 그런데 큰아들은 엄마가 해주었던 누룽지 피자가 생각나서 피자를 만들어 먹었다고 했다. 그때 정말 맛있었다고 하면서 말이다. 누룽지 위에 채소가 잘 엉겨 붙지 않아 뚝뚝 떨어지고 고구마, 감자, 브로콜리가 투박하기 짝이 없던 피자였다. 그 엉터리 피자는 엄마표 사랑 피자였다. 그러나 아들은 그 피자를 추억하며 맛있던 기억으로 남았다. 그것이 지금은 더 그리웠기에 소중한 맛으로 간직하고 있는 것 같다.

요즘 주부로 아내로 하던 내 일에 의미를 잃고 있었다. 그랬던 일이 얼마나 가치가 있고 의미가 있는 일인지 알게 되었다. 엄마의 밥과 아내의 밥은 사랑을 주는 것이라고. 오늘도 나는 남편을 위해 밥을 만들고 병원을 갈 생각으로 설렌다. 주부로 시작하고 끝이 났던 나의 하루하루는 소중했다. 사랑하는 사람들이 하루를 살 수 있고 큰 힘이 되게 해주었던 밥이 사랑이었다. 엄마로 아내로 당연하게 생각했던 것이 단순한 것이 아님을 느끼게 했다. 가족들이 자기 일을 잘할 수 있게 해주었던 밥은 사랑이고 성공을 부르는 작은 습관이었다.

나를 찾으면 직업은 따라온다

"회장님 전화?"

"아, 우리 신랑!"

김밥 파는 CEO를 읽고 회장님의 성격이나 외모나 취향이 우리 신랑이랑 닮았다고 생각했다. 신랑도 경제에 관심이 많아 돈 좀 많이 벌어 주면 좋을 것 같아 회장님처럼 모시기로 했다. 그런데 다른 것이 있다면 경제에 대해 어렵게 생각한다. 그래도 나는 포기하지 않고 책을 사서 보여줬다.

"당신은 꼭, 회장님 포스야!" 사람은 생각하는 대로 된다는 말이 있다. 남자가 사랑을 받는다고 느끼는 것은 존경받을 때라고 들었다. 남편을 회장님으로 모시고 존경하는 것이 얼마나 중요한지를 느끼고 있다. 그런 회장님을 모시고 사는 나는 사모다.

신랑이 한국에 없을 때, 나와 아기, 조카들을 데리고 오빠가 바람을 쐬어 준다며 차를 타고 가다가 딱지를 뗐다.

"과속이십니다."

"아이와 나왔는데 화장실이 급하다고 해서 차를 빨리 몰았네요!"

"사모님! 아이들을 태우셨으니 더 조심하셔야 합니다."

어린 순경이 새내기 아줌마를 "사모님!"이라는 호칭에 짜증을 한번 못 내고 우아한 사모 모드로 변신하게 했다. 나도 우리 신랑에게 "회장님, 오셨습니까?" 하며 깍듯이 배꼽 인사를 하면 좋아한다. 아무것도 아닌 호칭 하나를 바꿨을 뿐인데 사람들은 생각과 행동이 달라진다고 한다.

그 회장님은 아침마다 끙끙거리는 나에게 '김 작가'라고 부르면서 놀려 댄다. 처음에는 둘 다 장난스러운 말로 했다. 하지만 그렇게 불러 주니 나도 책임 의식이 생기며 내 말과 행동에 힘이 났다. 이런 말에 아는 사람이 알면 웃을까 봐 아무도 모르는 비밀을 간직하는 사람처럼 행동했다. 그런 불편한 마음을 남편은 아무렇지 않게 불렀다. 나도 그렇게 부르면 말하는 대로 된다고 해서 나도 "작가"라며 쓰고 말했다. 그래서 실없는 사람이 안 되기 위해서 글을 아침마다 쓴다. 작가는 글을 쓰는 사람이니 내가 그렇게 안 하면 책임감이 없는 사람이 될까 봐 열심히 하려고 했다. 생각이 나를 변하게 하고 그렇게 되기 위해 애를 쓰니 생각대로 이루어질 것 같은 희망이 생긴다.

'회장님'이라는 호칭 하나로 남편이 변하고, '작가'라는 타이틀 때문에 나도 변하게 된다면 그렇게 안 부를 이유가 없다. 회장님이 되고 싶거나 작가가 되고 싶다면 먼저 선포하고 그렇게 행동하다 보면 목표를 이룰 수 있으리라 생각한다. 이렇게 우리 부부는 재미있게 사는 웃기는 부부다. 하지만 남편은 모임에 가면 꿀 먹은 벙어리가 되어 버린다. 특히, 처음 만나는 사람들과는 낯을 매우 가린다. 회장님은 말을 많이 하는 것을 좋아하지 않는 성격이다. 모임에 가서도 친구들과 이야기를 주고받을 때면 듣기만 하면서 술로 그 시간을 메운다.

한 번은 내가 온라인 코칭 수업이 공짜! 밑져야 본전이니 한번 들어보자고 해서 듣게 되었다. 그런데 수업을 들어가서부터 얼굴을 보고 이야기해야 하는데 남편은 화면을 켜지 않았다. 더군다나 말하는 것도 좋아하지 않는 데다, 아줌마들과 이야기를 나누라고 하니, 못한다고 펄쩍 뛰었다. 결혼한 지 20년이 넘은 아저씨가 이러는 모습을 보니 이해가 되지 않았다. 포스만은 곧 죽어도 회장님이지만 다른 사람에게도 말을 잘 붙이는 회장님이면 좋겠다.

우리 부부는 이렇게 닮으면서도 다른 구석이 많다. 닮은 것은 남편은 돈과 여자들과 관련된 이야기를 하는 것을 어려워한다. 나 또한 돈이나 이성에게 부담감이 있지만 나는 그것을 이겨 내려고 한다. 경제 관념이 없어서 공부하고 남자들 앞에서 말하는 것이 쑥스러워도 조금씩 하려고 노력했다. 이제는 아줌마 근성으로 남자들과 말을 잘할 수 있게 되었다. 같으면서도 다른 우리는 서로에게 연민의 정을 느끼며 살고 있다.

남편과 나도 비슷한 성향이지만 나는 카멜레온처럼 여러 환경에 잘 적응하려고 노력하는 것 같다. 남편은 다른 사람들에게 말을 많이 하지 않지만, 나랑 있을 때는 농담 반 진담 반하면서 항상 나를 웃긴다. 유머가 있는 남자를 좋아했더니 남편이 점점 그렇게 변하고 있다. 좋아하는 쪽으로 생각하니 그렇게 느껴지는 것이 아닌가 싶다.

난 늘 즐겁지 않은 일도 긍정적으로 생각하려고 노력하며 좋게 생각하려고 한다. 일상이 아름답지 않아도, 세상이 아름답다고 생각하니 아름답고 감사했다. 작은 생각이 나를 만들고 있었다. 자신이 없어 소심한 말과 행동으로 나만의 울타리를 치고 보호하려고 했다. 그런 나를 발견하고 용기를 내어 어려움을 극복하기 위해 내가 할 수 있는 것을 하나씩 하고 있다.

책을 통해 삶을 통찰할 수 있는 내용을 읽을 때면 신세계를 발견한 것처럼 새롭고 신선한 느낌으로 다가올 때가 많았다. 책을 읽으며 소소한 일상에서 좋은 것을 내 것으로 만들고 싶었다. 그러면서 남에게 쏠렸던 관심을 내게 돌리고 나를 이해하려고 하고 있다.

'나는 어떤 의미와 가치를 가지고 살고 있었나?' '나는 어떤 사람인가?' 하며 생각한다. 내가 무엇을 좋아하고, 무엇을 원하는지, 무엇을 하고 싶은지를 알아가고 있다. 나를 찾는 것이 시작이기에 나를 들여다보고 있다. 그러다 보면 내가 좋아하는 일을 알게 되고 즐거울 수 있을 것 같았다.

재능이 많든 적든 내가 어떤 재능이 있는지 알기 위해서는 나의 장점이나 좋아하는 것, 잘하고 싶은 것을 알아가는 것이 중요할 것 같다. 나를 잘 알아간다면 내가 좋아하는 일을 찾고 행복하게 살 수 있겠다는 생각을 했다. 지금 좋아하는 것이 잘하는 일이 될 수 있도록 내가 할 수 있는 책을 읽고 글을 쓰며 카멜레온처럼 변하고 싶다. 그 재능이 무엇인지 아직도 잘 모르겠지만 내가 시도해 보기로 마음먹은 글을 쓰면서 시작해 본다. 나를 찾으며 책을 읽고 글을 쓰다 보니 어느새 "작가"라는 직업이 알 수 없는 매력으로 다가왔다.

취미도 직업이 되는 세상이다

"엄마, 핸드폰 액정이 깨져서 전화를 못 했어요. 그런데 크리스마스 선물을 살려고 그러는데 엄마 카드 좀 빌려줘요!"

"웬만하면 액정이 깨지지 않는데, 어쩌다 그랬니?"

"떨어뜨렸어요."

"어떻게 떨어졌길래 액정이 깨지냐? 거짓말 아냐!"

"네? 거짓말이라고요? 아들을 못 믿어요!"

"나야 너를 믿지. 그런데 어쩌다 핸드폰이 깨졌는지 걱정이 돼서 그러지!"

군대 간 둘째 아들이 핸드폰이 깨졌다며 다른 동료 핸드폰으로 문자하는 내용이다.

코로나19로 군 입대할 때 배웅도 못했고, 훈련이 끝나도 면회를 할 수 없었던 작은 아들 전화를 나는 매일 학수고대했다. 이렇게 오랜 시간 떨어져 본 것은 친구들과 보름 정도 유럽 여행을 했을 때를 제외하고는 없었다. 그때는 전화 연락이라도 하니 덜 답답했다. 군대라는 곳에 보내 놓고 연락이 자유롭지 못하니 궁금하고 더 걱정되었다. 요즘 군대는 예전보다 개인의 편의를 보장해 주지만 입대 후 몇 달 동안 자주 연락을 못 받고 있으니 엄마로서 조급함과 걱정이 될 수밖에 없었다. 남편은 무소식이 희소식이라고 걱정하지 말라고 했지만, 엄마로 극성스러움을 떨칠 수밖에 없었다.

둘째 아들은 백일이 지나면서 남편 일을 거드느라 낮에 올케언니가 돌봐 주었다. 일 때문에 애착 시기에 떨어지게 되면서 내 마음도 아프고 아이도 힘들었다. 나중에 그 시간을 메꾸기 위해 나는 부단한 노력을 기울였다. 초등학교 6학년까지 잠을 같이 자며 가능한 많은 시간을 함께했다.

초등학교 저학년 때는 그래도 "오늘은 이런 일이 있었어요." 하면서 그날 겪었던 일을 잘 이야기해 주었다. 그런데 커가면서 점점 말수가 적어졌다. '내가 잘 받아주지 않아서 그랬나?' 자책해 보기도 했다. 하지만 그것은 그 아이 성격인 것 같다. 좋게 말해서 남자다운 성격이라고 해석하는 게 좋을 것 같다. 아들이 둘이지만 성향이 다른 두 아들이다.

문제는 늘 얘기를 잘 안 하는 군대 간 아들 전화를 기다리다 벌어진 일이다. 남들이 말하는 보이스피싱을 나도 당한 것이다. 아들의 핸드폰이 실제 떨어져서 깨진 건지 아니면 군대에서 불미스러운 일이 생긴 건 아닌지 별생각이 다 들었다. 저녁에 아들과 연락이 닿아 자초지종을 이야기하며 다른 군인들도 피해가 없도록 이야기하며 마무리되었다.

군 입대 전에 아들을 빙자한 보이스피싱을 당할 수 있다고 아이들 고모로부터 이야기를 전해 듣고 놀라 인스타에서 아들 사진과 글을 모두 삭제했었다. 문제는 군대에서 가입한 밴드였다. 하도 아들 전화도 없고 해서 '아들 사진이라도 올려주지 않나요?' 하며 문자를 올렸다가 일이 생겼다. 다행히 카드를 남편이 가지고 다녀서 문제는 발생하지 않았다. 하지만 주민등록증을 보내서 주민등록증 분실 신고로 일을 마무리했다.

말로만 듣다 직접 보이스피싱이란 것을 당해보니 가슴이 콩닥콩닥 뛰고 소름 끼쳤다. 보이스피싱으로 얼마나 많은 사람이 피해를 받고 있는지 상상할 수 있었다. 아들 전화 한 통을 받으면서 모든 것은 일단락되었다. 연락 불통으로 인해 빚어진 웃지 못할 해프닝이었다. 이런 일이 있고 난 후 아들에게 자주 연락하라고 하지만 그래도 잘 연락을 안 한다. 그렇지만 아주 가끔 생존 신고라며 전화하니 고맙다. 그러나 난 또 일주일 정도 기다려도 연락이 없으면 생존 신고조차 않는 아들을 나무라는 문자를 보내곤 했다. 이런 아들이 둘이 아니라 하나이니 다행이다.

하지만 이 둘째 아들도 "존 셈"이 있는 아이이다. 제주 사투리로 "정이 많다"라는 말이다. 어릴 적에는 내가 삐치면 풀릴 때까지 어쩔 줄 모르던 마음이 여린 아이였다. 그런 아이가 커서는 말보다 늘 엄마를 헤드록으로 목을 조르기만 한다. 나는 이런 몸싸움만 하려는 아들이 너무 버겁고 짜증이 날 때가 많다. 아들과 한 마디라도 더 대화를 나누고 싶어 하는 말 많은 잔소리꾼 엄마여서 그런가 보다. 잔소리 듣고 싶지 않아 연락을 안 하냐고 할 정도다.

난 책을 읽다가 "아!" 하고 감탄사가 나올 만한 내용을 접할 때면 아들들이 생각난다. 둘째 아들은 가치관이나 인생 목표를 위해 많은 생각을 해야 하는 20대이다. 그래서 도움이 될 만한 책을 군대 갈 때 한 권, 자대 배치받은 후 한 권, 휴대폰 보낼 때 몇 권 하면서 보냈다.

한 번은 필요한 책이 있으면 보내준다고 하니까, 군에도 도서관이 있다면서 소포 받으러 가면 경위서도 써야 한다고 보내지 말라고 했다. 책 보내면 주변 사람들에게 줘버리겠다고 협박 아닌 협박을 했다. 그래서 생일 선물로 책을 한 트럭 보내고 싶은 마음이 있지만, 아들이 거부하니 보내지 않겠다고 하면서 웃고 말았다. 이렇게 나는 극성을 떠는 엄마다.

좋은 것을 알면 주위에 알려주고 싶은 것은 누구나 경험했을 것이다. 그래서 좋은 책을 접할 때마다 외국에 있는 아들과 군대 간 아들이 생각난다. 엄마 잔소리보다 책 한 권을 더 읽게 하는 것이 나을 거란 생각이 들기 때문이다. 소를 물가에 데려가도 소가 물을 먹어야 한다. 책도 본인이 읽어야 하니 이제 강요하지 않으려고 하면서도 늘 마음 따로 말 따로 한다.

책을 좋아하는 아이로 만들고 싶었는데, 마음의 여유가 없다 보니 어릴 적 자주 못 읽어 준 것 같다. 큰아이가 여섯, 작은 아이는 세 살 때부터 본격적으로 책을 읽어 주고 그 시간도 적었다. 둘째가 좀 더 일찍 책을 접해서 그런지 표현력이 좋은 것 같다. 어릴 적 일기를 꾸준히 쓴 것이 신기해서 아직도 책꽂이에 둘째 일기장이 있다. 그런 둘째는 배 속에 있을 때도 매우 활동적이더니 커가면서도 활동적인 일을 좋아했다. 하지만 군대에 가서는 좀 더 생각하고 성숙한 모습으로 제대했으면 하는 마음이었다.

지금은 둘째에게 행복한 인생을 살기 위해 자유를 주고 싶다. 그리고 나는 아들의 든든한 지원군이 되어 주고 싶다. 이제라도 어른들의 시선에 맞추기보다 또래들과 마음껏 고민하며 크면 좋겠다. 그래서 아이들의 실수나 잘못에 관대해지고 싶다. 아들이 생각하고 원하는 일에 대한 자유를 마음껏 누릴 수 있게 해주고 싶다. 마음은 이렇게 생각하면서도 엄마라는 나는 참을 "인(忍)"자를 쓰는 것이 무척 힘들다. 하지만 엄마가 익힌 삶의 지혜와 엄마 공부로 아들을 이해하려고 노력하고 있다.

"아들아! 한 곳에서 한 가지의 경험을 하는 삶에서 다양한 것들을 알고 체험한다면 더 많은 시간을 사는 것이라고 엄마는 생각해. 그 시간을 통해 네가 가슴 떨리는 일을 찾았으면 좋겠다. 제대 후에는 새로운 시각으로 자신을 볼 여유를 가져 보라고 권하고 싶다. 너로 살기를 바란다. 엄마도 나로, 너도 너를 아는 시간 말이다. 엄마는 예전에 취미를 적으라면 책 읽기와 음악 감상이라고 썼던 것이 기억난다. 별 특기가 없어 썼던 취미가 이제는 내 일상 깊숙이 들어오고 있다. 이렇게 취미도 직업이 될 수도 있다는 생각을 한다. 너는 어떤 취미가 있어?"

미래의 나는 지금의 꿈이 결정한다

"이제껏 나는 무엇을 하며 살았나? 불현듯 우물 안 개구리처럼 살아가는 나를 발견했다. 지금의 내 모습이 나는 별로 마음에 안 들었다. "앞으로도 이렇게 살아야 할까?"

저녁에 나는 꿈을 꾼다. 아침에 어떤 글을 쓰면 좋을까? 하며 눈을 뜨기 전에 꿈속에서, 아니 머릿속으로 마구 생각해 본다. 어제 있었던 일, 고민거리들을 이리저리 생각하다가 일어난다.

요즘 나에게 있어서 하루 중에 가장 중요한 일은 글을 쓰는 것으로 정했다. 왜, 나는 글을 쓰게 되었을까? 중년에 불현듯 세상을 바라보니 나는 이제껏 뭐 하면서 살았는지 알 수가 없었다. 이제껏 많은 것을 하려고 노력했는데 지금의 나는 내가 바라는 모습이 아니었다. 만족스럽지 못한 나를 보면서 지금 내가 변하지 않으면 내일도 오늘 같다고 생각했다. 그러면서 책을 읽게 되었고 나를 찾는 글을 쓰게 되었다.

학원을 정리하면서 좀 여유로운 오전에 산책으로 자연과 벗하고, 주말에도 걷기 운동을 하며 소소한 행복을 느꼈다. 사람들은 이런 것이 인생에서 중요하다고 했다. 일상에 소소한 행복을 느끼는 것이 얼마나 중요한지는 말을 안 해도 다들 알 것이다. 잠깐씩이나마 나는 이러한 소소한 행복을 즐겼다. 어떤 때는 그 시간에도 일하면서 바쁘게 지낸 적도 있다. 여유롭게 살기 위해서, 필요한 것을 얻기 위해 우리는 일하는 것 같다. 어쩔 수 없이 일한다면 '나는 어떤 일을 할 때 더 행복할 수 있을까?'하고 생각하게 되었다. 하지만 "나를 위한 삶을 사는 것은 별 의미가 없고 더불어 사는 것은 행복하다."라고 철학자 교수님의 말이 생각났다. '나만 행복한 것이 아니라 더불어 행복한 삶을 꿈꾸는 일이 무엇일까?' 생각하게 되었다.

그래서 '제2의 인생에 어떤 일을 하면 좋을까?' 하고 자신에게 물어보았다. "성공한 사람이 아니라 가치 있는 사람이 되려고 힘써라."라고 책에서는 말하고 있었다. 그래서 이제 나와 가족이라는 울타리를 넘어서 갇혀 있던 내 시선을 멀리 바라보게 했다. 소소한 행복을 함께하며 의미가 있는 일이라면 더 좋다고 생각했다. 그러나 이런 내 바람이 흔들릴 때도 많다. 그럴 때마다 오늘보다 내일에 더 의미를 부여하며 마음을 다시 붙잡아 보았다.

인생은 열심히 산 사람보다 즐기는 사람이 더 잘 산다고 말했다. 그런데 즐기는 사람보다 더 잘 사는 사람은 급한 사람이라고 했다. 다급하고 간절한 이유가 있다면 그것이 무엇일까? 열심히 살았는데 즐기지 못했으니 먼저 즐기는 사람이 되고 싶었다. 거리를 지나다니는 사람들을 쳐다볼 때도 재미있고, 다른 사람들의 이야기를 듣고, 읽는 것도 즐거움이 되니 책을 읽는 것을 즐길까 했다. 그리고 글을 쓰는 이유는 제2의 인생에 내가 어떤 일을 하며 살고 싶은지를 찾고 싶은 다급한 간절함이 있었다. 그래서 이제껏 잊어버렸던 꿈을 찾으며 글을 쓰고 있다.

"지금 나는 무얼 하고 있지? 무슨 부귀영화를 누린다고 이 나이에 이러고 있는 걸까?"

사람들과 많은 약속을 하며 살았지만, 나와의 약속은 지키지 못한 것 같았다. 매번 변명하며 이번만큼은 좀 달라진 모습을 보이기 위해 많은 사람에게 선언하고 있다. 그러면서 나에게 다시 한번 약속해 보았다.

"중년의 평범한 엄마는 자신이 좋아하는 일을 찾기로 했다. 평범한 엄마는 자신을 찾는 글을 쓰면서 큰 힘과 용기를 가질 수 있었다. 글을 쓰면서 자신이 좋아하는 것이 무엇인지, 꿈을 찾는 글을 썼다. 나를 찾으며 책을 읽고 글을 쓰는 것이 큰 의미와 가치를 주었다. 그리고 그것이 잘하는 일이 되어 꿈을 갖게 되었다. 그리고 그 책으로 많은 중년의 주부들에게 힘과 용기를 주었다. 그래서 주부들과 아이들에게 자신이 좋아하고 잘할 수 있는 꿈을 가질 수 있도록 도왔다. 이로 인해 더불어 나누는 삶으로 더 행복해졌다." 내가 어려움을 느낄 때 이겨 낼 힘이 되었으면 좋겠다.

발명 왕인 에디슨도 많은 사람에게 밝은 편리한 세상을 만들기 위해 많은 시행착오를 겪었다. 평범한 주부인 나도 글을 쓰면서 많은 시행착오를 겪고 있다. 이렇듯 어려움을 느낄 때마다 이 노트를 보고 싶다.

"지금 있는 자리에서 가지고 있는 것으로, 할 수 있는 것을 하라!"라고 미국의 26대 대통령 루스벨트는 말했다. 그래서 나도 용감하게 내 이야기와 생각을 글로 옮기고 있다. 죽이 되든 밥이 되든 써보라고 한다. 쓰다 보면 생각이 정리되고 자연스럽게 쓸 수 있다고 한다. 못한다는 핑계만 대지 말고 자신의 이야기부터 차근차근 써 가다 보면 된다고 한다. 내가 그랬다. 글쓰기에 대한 전문적 지식은 없지만, 내 이야기가 글이 될 수 있으리라 생각하며 책을 읽으며 글을 쓰고 있다. 처음부터 잘하는 사람은 없다. 표현이 서툴고 어색해도 그 처음을 거치지 않는다면 앞으로 어떤 일도 할 수 없기 때문이다.

우리는 우리의 인생을 쓸 수 있는 작가다. 살아가는 동안 어떤 사람도 완벽하지 않고 사연이 없는 사람은 없다고 한다. 그러기에 글을 쓰면서 미처 보지 못했던 의미를 알아가게 되면서 나를 더 바라볼 수 있었다. 또한, 내 글을 읽는 엄마들도 자신에 대해서 생각하고 궁금하고 필요한 책을 찾아 읽고 글을 썼으면 좋겠다. 이것이 오늘 아침도 글을 쓰고 있는 이유이다. 그리고 지금 살고 있지만 지금 무엇을 하는지가 미래를 말해 준다고 한다. 미래의 나는 지금 내가 하는 일이 된다는 것을 믿으면서 말이다.

최고의 투자처를 찾다

20년 전 큰아이가 돌 때쯤 유일한 놀이터는 동네 마트였다. 가끔 가는 마트에는 서적 코너가 있었다. 그곳에서 나는 어린 아가씨가 경매로 경제적인 부를 얻는 책을 보았다. 그때는 너무 생소해서 "이런 것도 있구나?" 하는 정도로 지나쳤다. 그때 내가 그 경매 책을 사서 읽거나 또 다른 많은 책을 읽었더라면 내 인생이 좀 달라졌을 것이다. 그때는 휴대폰이나 컴퓨터로 정보를 접하는 게 흔치 않아 경매 책자에 의존하던 시기였지만 적은 돈으로 큰 경험을 샀더라면 하는 아쉬움이 있다.

남편도 곁에 없던 때라 돌 된 아이를 데리고 어떤 일을 한다는 것이 힘들다는 생각 때문에 생각조차 못 했다. 대충 읽으며 어린 나이였음에도 불구하고 경매라는 생소한 일을 한 아가씨가 대단하다는 생각만 들었다. 그때 경매를 공부했더라면 지금보다 부자가 되었을지도 모른다는 생각이 든다.

그때까지만 하더라도 난 책 한 권 볼 마음의 여유가 없었다. 그렇다고 시집에서 해야 할 일이 많거나 청소 같은 집안일도 열심히 하진 않았다. 시집에서 생활할 때는 직장 다니는 아가씨가 집안일을 나보다 더 잘했다. 나는 어머님이 식사를 준비하시면 옆에서 거들기만 할 뿐 특별히 다른 것은 하지 않았다.

바쁜 일들이 없음에도 불구하고 늘 내 시간이 내 시간 같지 않았다. 어릴 적 난 집에서는 말을 잘해도 밖에 나가면 숫기가 없어 말을 잘 못하는 그런 아이였다. 소심했던 나는 선생님이 어려워서 제대로 말도 못 하는 성격이었다. 초등학교 저학년 겨울이었다. 학교가 너무 추워 선생님에게 말도 못 하고 점심에 가방도 학교에 둔 채 울면서 집에 간 적이 있다. 집에 가면서 점심을 먹고 학교로 가는 친구를 보며 집에 간다고 선생님께 전해달라고 했을 정도로 표현하는 것을 어려워하는 아이였다.

소심해서 그런지 목소리도 작았다. 내가 초등학교 다닐 때만 하더라도 월요일마다 운동장에서 조회 시간을 가졌다. 국기에 대한 경례를 시작으로 애국가, 교가를 부르고 교장 선생님 훈화까지 들으면 한 시간이 넘는 시간에도 자세를 흐트리지 않고 서있던 아이였다. 움직이면 선생님 말씀 안 듣는 나쁜 아이가 되어 큰일이라도 나는 줄 알았다. 추워도 춥다고 못하고 가만히 눈만 크게 떠서 어쩔 줄 몰라 망설였던 그런 아이였다.

그 아이는 커가면서 그런 성격을 이겨내려고 애썼지만 성인이 되어서도 그 소심함이 그대로였던 것 같다. 그래서인지 결혼생활에서 뭔가 모르게 힘이 들었다. 30년 이상을 그래도 내 마음대로 자유롭게 지내던 나에게는 시집 생활이 무척 힘들었다.

　나는 코칭 수업에서 그룹으로 대화를 나누는 시간이 있었다. "내가 살아오면서 힘들었던 일과 그것을 이겨 냈던 힘은 어떤 것이 있었습니까?"라는 질문을 받았다. 그때 나는 초창기 결혼생활이 너무 힘들었다고 답했고 어려움을 이겨 낸 방법으로 긍정적인 성격을 꼽았다. 그룹원들은 이야기를 듣고 난 후 내 강점을 찾아내어 말해 주었다. 그룹원들이 공통으로 말해 주는 단어가 내 강점이라는 것이다. 이 강점이 순간적이고 단편적인 부분이라 이것이 내 강점이 맞나 싶다.

　요즘엔 자아에 대해 알 수 있는 과학적인 분석이나 데이터가 많아서 이런 단편적인 것에 대한 믿음이 크진 않았다. 그러나 곰곰이 나 자신을 들여다보면서 강점들이 나의 눈에 하나씩 들어왔다. "인내, 지혜, 포용력" 이것들이 나의 강점 단어들이었다. 단편적이었지만 누가 "어떤 것이 어려웠습니까?"라는 질문에 '결혼' 이었다고 무의식적으로 말이 나왔다. 그때 난 삶의 고난이 물질적, 경제적 어려움이었기보다는 마음에서 비롯된 것이었음을 깨닫게 되었다.

　'강한 것은 부러지지만 부드러운 것은 휘어진다.'는 생각으로 많은 시간을 견뎌냈던 지혜가 있었다. 매사에 모든 것을 긍정적으로 생각하고 최선을 다하며 지냈기에 "인내, 지혜, 포용력" 이 내 강점으로 다가왔다. 늘 배우기를 좋아하여 배움이라는 강점이 있는 줄 알았는데, 이 또한 마음의 평화를 찾고 난 후의 일이라는 사실을 알게 되었다. 그래서 예전에 왜 그토록 마음의 여유가 없었는지 그때는 알 수가 없었다.'

　마음의 여유가 없는 나는 우물 안 세상을 헤쳐나가기만 급급했다. 나는 우물 밖 세상을 알려고도 배우려고 하지 않은 체 그저 열심히만 살았다. 시간이 어느 정도 지나고 보니 세상은 나만 두고 멀리 가 있는 느낌을 받았다. 그때부터 경제 관련 책을 읽으면서 세상 물정 몰랐던 나는 경제에 대한 지식의 필요성을 인식하게 되었다. 살면서 은행 예금만 알고 살았던 나는 이 책을 통해서 경제공부를 왜 해야 하는지 깨닫고 깨닫게 되었다. 그래서 나도 경제공부를 책으로 하며 지렛대를 이용해서 내가 사고 싶은 집을 샀다. 늘 전원주택을 꿈꾸어서 그런지 테라스가 있는 집을 보자마자 결정하게 되었다. 투자를 목적으로 집을 사려고 했지만, 이성보다 감성이 항상 나를 이겼다. 투자의 개념을 이해했지만, 평소 좋아하는 꽃과 나무가 있는 집을 선택한 것을 보면 내가 무엇을 좋아하는지 알 수 있었다.

지금은 제2의 인생에서 어떤 일을 하면서 살고 싶은지를 생각하는 글을 쓰고 있다. 책을 읽으며 내가 할 수 있는 최선의 길이 이렇게 글을 쓰는 것이다. 이제껏 내가 무엇을 좋아하고 무엇을 잘하는지 모르는 나를 찾으며 좀 더 나은 나를 꿈꾸고 있다. 그 꿈의 하나로써 제2의 인생에는 조용한 전원주택에서 풍요로운 마음의 밭을 일구며 글을 쓰고 싶다는 마음이 생겼다. '내가 좋아하는 일로 풍성한 삶의 꽃을 피울 수 있다면 얼마나 좋을까?' 하는 상상을 해 본다.

어떤 것이 최고의 투자처일까? 처음에는 재테크를 하면서 부자의 꿈을 꾸었고, 지금은 글을 쓰면서 내 마음이 더 보이기 시작하면서 마음의 부자까지 꿈꾸게 되었다. 지금 나를 위해 무엇을 준비하고 어떻게 해야 할 것인지 더 곰곰이 생각하고 있다. 책을 읽고 글을 쓰면서 지금은 나에게 투자하는 것이 최고의 투자처라고 생각하게 되었다.

50에 다시 대학생이 되다

한 유튜버가 아침에 일어나면 글을 쓴다고 했다. 일어나서 글을 쓰지 않으면 책을 낼 수 없기에 최우선을 글쓰기에 둔다고 했다. 얼마의 시간이 흐른 뒤 책이 출판되었다는 말을 듣고 나도 그 책을 사서 읽었다.

2019년 봄에 유튜브라는 것을 접하면서 많은 영상을 보게 되었다. 경제 관련 유익한 정보를 듣다 유튜브에 관한 책까지 읽게 되었다. 유튜브에 관심은 있지만, 용기를 내지 못하고 있는 사람들에게 용기를 갖고 도전하라고 했다.

혼자서 영상만 보면서 배운다는 것을 어렵게만 생각했기에 내가 사는 지역에서 유튜브 강좌를 오프라인으로 배울 수 있는 곳을 찾아보기로 했다. 평생교육원에서 유튜브 강좌를 연다고 하길래 오리엔테이션에 참석해 보았다. 여러 젊은 사람들과 나이가 많으신 남자분도 있었다. 오리엔

테이션에 참석하여 모르는 것을 늦게까지 남아서 듣다가 한 젊은 엄마와 이야기를 나누게 되었다. 그 젊은 엄마는 어느 정도는 유튜브 동영상을 혼자 제작할 수 있다고 했다. 유튜브의 "유" 자도 모르는 나에게 그녀는 "강사님이 말했던 쉬운 프로그램으로 해 보세요." 하고 헤어졌다.

2020년 초에 유튜브 책도 보고 평생교육 강좌도 하려고 했지만, 공기계 휴대폰을 사서 수업을 한다고 해서 흐지부지되었다. 그러다 블로그를 시작하던 나는, 블로그 제작 및 활용과 관련한 강좌가 있길래 신청했다. 그곳에서 엄마들 사이에 잘 알려진 한 유튜버를 만나게 되었다. 휴대폰으로 할 수 있는 유튜브 강의 수강료가 저렴하니 일단 해 보기로 했다. 정말 휴대폰 하나만을 갖고 유튜브를 할 수 있는 꿈이 실현된 것이다.

나는 휴대폰으로 유튜브를 만드는 것이 정말 궁금했다. 많은 유튜버가 시작부터 장비를 사지 말고 가지고 있는 핸드폰을 이용하라고 조언했다. 영상을 핸드폰으로 찍고 편집 프로그램을 이용하면 된다고 했다. 중요한 것은 어떤 콘텐츠로 할 건지 어울리는 이름과 계정을 만드는 것이 중요하다고 했다. 처음에는 휴대폰 번호만으로도 계정은 쉽게 만들어졌다. 그다음 프로필에 내가 찍어 놓은 사진을 올렸다. 채널 아트는 채널의 인상을 주는 것으로 중요하지만, 이것도 내가 할 수 있는 범위 내에서 만들었다. 컴맹인 나에게 휴대폰 하나로 이 정도까지 할 수 있다는 것이 무척 만족스러웠다.

젊은 엄마들은 아기들을 돌보느라 바빠도 컴퓨터나 휴대폰을 잘 다루니 시간을 쪼개며 일을 잘하는 것이 부러웠다. 50 중반을 넘어선 나는 아이들 때문에 바쁘지는 않지만, 전자기기와 친하지 않아 힘이 들어도 유튜브를 개설하고 시도해 보았다.

내가 제주에 살면서 주말이면 산과 들을 다니는 것을 좋아하여 내 유튜브로는 제주를 알리는 브이로그를 하기로 했다. 몇 편을 올리면서 볼품없더라도 시도하는 것이 중요하다는 말을 방패 삼아 열심히 올렸다. 매주 놀러 가 편집해서 올리는 것이 재미있었지만 힘들다는 이유로 시들해졌다. 지금은 책을 읽으며 북-튜브를 하고 싶다. 처음에 생각했던 유튜브 콘텐츠는 제주의 자연을 소재로 하는 브이로그였지만 나를 비롯해 많은 사람에게 더 도움이 되는 책을 소개하고 싶다. 50대에 내 꿈을 위해 책을 읽고 강의를 들으면서 늦깎이 대학생처럼 과제를 해야 하는 대학생이 되었다.

책을 읽으면서 유튜브는 해야 하는데 어떤 것을 해야 할지가 늘 숙제가 되었다. 아직 유튜브는 하지 못하지만 평범한 주부로 아이를 키우고 이제는 자신을 찾는 일상의 이야기를 아침마다 쓰기로 했다. 글이 나를 알아가게 만들었고 힘을 주었다. 그리고 나와 똑같은 상황에 있는 분들에게도 용기와 희망이 줄 수 있다면 더 좋겠다는 생각만 계속했다. 새로운 유튜브도 하며 도전하고 성장하고 싶지만, 지금은 책을 읽고 글을 쓰며 내가 잘하는 일을 찾으려고 한다.

책 속에서 길을 찾다

"하실 수 있습니까? 네. 내일 아침 9시까지 오겠습니다."

아이가 어느 정도 크면서 내 전공을 살려 아이들을 가르치는 미술 학원에서 강사 일을 했다. 그렇지만 마흔이 넘은 나이 있는 주부가 학원에서 강사로 있으면 불편할 것 같다는 생각이 들었다. 특수 교육에도 관심이 있었던 나는 미술과 치료를 접목한 미술치료 자격증을 미술 학원 강사를 하면서 취득했다. 그리고 미술 학원에서 색종이로 만들기 할 때 효과가 좋아서 종이접기 지도사 자격증도 따게 되었다. 그 후 학교 방과 후 강사를 알아보고 자리가 있어 일을 시작할 수 있었다. 그곳은 특수학교라 유아에서 고등학생까지 방과 후 과정으로 미술을 가르치며 돌봤다. 그때 방학 중에 수업이 없어서 계절학기 수업을 센터에서 하길래 종이접기 강사로 신청해 보았다. 이틀 정도 아침 일찍 강의했는데 강사료를 얼마를 받아야 하는지도 몰랐다.

지금은 전공도 아닌 다른 분야의 일을 시작하려고 한다. 책을 읽고 강의를 들으며 새로운 일을 준비하고 있다. 강의를 들을 때보다 책을 읽을 때가 좀 더 깊이 있게 느끼고 생각할 수 있어서 책을 선호하게 되었다. 책을 읽으면서 알게 된 새로운 것을 내 생각으로 정리하면서 많은 것을 느낄 수 있었다.

글은 계속해서 쓰다 보면 조금 나아지겠지만 강의는 잘할 수 있을까? 어디에서 나를 불러 줄까?' 하는 생각들이 마음을 무겁게 했다. 특별히 내세울 게 없기에 '자기 계발' 이 내 이야기가 되었다. 나는 자기 계발을 하면서 글을 쓰는 것이 자기 계발에 최고라는 말을 몸으로 느끼게 되었다. 그리고 글을 쓰기 위해서는 새로운 시각을 갖기 위해 여러 다양한 책을 읽어야 했다. 그래서 책 속의 길이 있다는 말이 생겼는지도 모른다. "프랑스 소설가 마르셀 프루스트의 〈잃어버린 시간을 찾아서〉에 진정한 탐험의 여정은 새로운 경치를 찾는 데 있는 것이 아니라 새로운 시각으로 보는 것이라고 했다.

나는 책을 읽으면서 새로운 시각이 생기는 것을 알 수 있었다. 그래서 글을 쓰면서 일상이 새롭게 보였다. 그리고 생각을 글로 써서 지식을 모으고 나누는 일까지 하고 싶어 온라인에서 사람들을 만나면서 배우고 익히고 있다. 내가 잘하고 좋아하는 일로 자금력을 갖기 위해 첫째는 능력이 있어야 한다. 다른 사람들에게 도움이 되는 가치를 제공할 수 있어야 한다. 그리고 그것에 대한 보상이 있지 않으면 계속하기 힘들다는 것이다. 그리고 첫술에 배부르지 않는다는 것도 깨닫고 있다.

나도, 우리도 매일 어떻게 살아가는 걸까? 예전에 나는 그저 행복한 소비자였다. 책을 사던 소비자에서 내가 책을 만드는 생산자로 행복한 거래를 하는 사람이 된다면 너무 큰 그림인가? 이제 1분 1초를 무엇과 거래하면서 살지 생각하는 일이 남았다.

　세상도, 나도 1분 1초 앞으로 나아가고 있다. 혼자 외딴섬에 있지 않고 다른 사람들과 1분 1초라도 작은 가치를 공유하고 싶어졌다. 세상에서 지혜를 얻고 나도 행복하고 함께 행복을 만들 생각으로 글을 쓰고 있다. 그 시작이 책이라는 것이다. 그래서 책 속에 길이 있다는 말이 그냥 있는 것이 아닌 것 같다.

　예전에는 내가 조금 공부한 미술로 아이를 대상으로 가르쳤다. 아이들과 있을 때는 하루하루가 새롭고 재미있었다. 해맑은 아이들과 함께하는 것이 나도 즐거웠다. 그래서 그들과 쉽게 친해지고 잘 사귀었다. 아이들을 가만히 보노라면 어른이 갖지 못한 창의성과 뛰어난 능력을 발견하게 된다. 그러나 선생님이라는 이름으로 아이들의 눈높이에 맞추지 못하고 가르치려는 욕심으로 즐겁지 못할 때가 많았다.

　그래서 가르치는 선생님이기보다 아이들과 눈높이를 맞추어 함께 노는 것이 더 좋았다. 천진난만하게 깔깔대며 노는 아이들의 모습을 보면서 행복이 무엇인지를 생각하게 했다. 우리 아이들을 키울 때와 마찬가지로 나는 아이들이 계속 행복하고 즐거워하는 모습이 계속되기를 소망했다. 그러면서 나도 얼마나 행복한 웃음을 갖고 살아가고 있는지도 생각하게 되었다. 나 또한 아이들처럼 늘 순수하고 즐거움을 느끼며 살고 싶었다.

그래서 나는 제2의 인생은 무엇을 하면 즐겁고 행복할까? 하고 생각하게 되었다. 책을 읽고 강의를 듣다가 많은 사람이 "책 속에 길이 있다!"라고 했다. 나도 책을 읽으면 새로운 것을 발견하고 깨닫는 시간이 즐겁고 행복했다. 책을 읽으면서 내가 알고 싶고 궁금한 것들이 책 속에 있다는 것을 느끼게 되었다. 그래서 "책 속에 길이 있다."라는 말을 나도 굳게 믿고 책 속에서 내가 좋아하는 길을 찾기로 했다. 책에서 나에게 전해주는 메시지를 따라 길을 찾다 보면 내가 좋아하는 일을 찾고 잘하는 일을 만들 수 있겠다고 생각하게 됐다.

파워 블로그의 첫걸음, 블로그 글쓰기

"이번 주는 어디 가?"

"응, 가파도! 서울 삼촌네와 같이 갈까?"

"그럼, 낚시채비를 할까!"

나는 블로그를 하면서 체험 블로거가 되었다. 아이들이 커서 집에 없으니 늘 남편과 둘이서 식사를 한다. 주중에도 외식할 수 있고 주말에도 돌아다닐 수 있어서 체험 블로그를 해 보았다. 체험 후 블로그에 포스팅해야 하는 번거로움이 있었지만 사진 찍기와 놀러 다니는 것이 좋아서 시작했다. 퇴근 후 저녁 준비하기 귀찮은데 공짜로 저녁을 해결할 수 있어 '일석이조'라는 생각에 주중에도 가끔 음식 탐방했다. 주말이면 남편이랑 시집에도 가니 서귀포에도 신청해 두었다. 서귀포에 계신 어머님도 같이 외식을 하니 좋아하셨다. 한 번은 서울에서 퇴임한 삼촌네와 가까운 섬 중 하나인 가파도로 가면 좋을 것 같아 체험을 신청했다.

처음 블로그를 시작할 때는 댓글을 쓰는 것도 서투른 초보였다. 그러다가 블로그 관리와 관련한 카페 모임이 있어 온라인으로 강의를 듣게 되었다. 그 카페에 블로그 체험단이 있어서 신청해 보았다. 블로그를 잘하지 못해도 체험 블로거를 할 수 있어서 기뻤다.

제주는 관광지라 먹거리, 볼거리, 놀 거리가 많다. 나는 제주의 살고 있으니 제주의 맛집들을 소개해 줄 수 있어 좋고 여러 곳을 체험할 수 있어서 좋았다. 또한. 주말을 즐겁게 즐길 수 있으니 꿩 먹고 알 먹고라고 생각했다. 내가 사는 곳에 대한 정보를 공유한다는 생각과 좋아하는 일을 즐긴다는 마음으로 블로그를 즐겁게 시작했다.

처음 일상과 체험 블로그를 시작할 때는 어설프기 짝이 없었다. 그러던 나는 책을 읽고 내 생각을 써서 글을 올렸다. 내 글을 보고 이웃이 "좋아요" 하는 것이 그저 좋았다. 친한 이웃처럼 서로의 이야기를 나눌 수 있어 친근하게 느껴졌다. 그렇게 블로그를 통해 서로 "좋아요" 하는 이웃의 글을 읽다 그림 그리는 블로그 이웃을 알게 됐다. 블로그 이웃에게 블로그 하는 것이 서툴러 배우고 싶다고 했더니, 아들에게 선물 받은 블로그 글쓰기 책과 자신이 가지고 있던 책을 선물해 주었다. 그 책을 볼 때마다 블로그 이웃도 이렇게 가까워질 수 있다는 생각에 미소가 지어졌다. 블로그 이웃이 준 책에서 블로그를 어떻게 해야 하는지를 말해 주었다. 무슨 일을 할 때 자신의 목적이 있어야 일을 성공적으로 성취할 수 있듯이 블로그도 똑같다고 한다. 목적을 명확하게 인지한다면 하다가 잠시 한눈을 파는 경우가 있어도 다시 제자리로 돌아와 갈 수 있다고 했다. 사람들은 자신이 하는 일에 습관적으로 하면서 이유와 목적을 잊어버릴 때가 많다고 했다. 글을 쓰는 목적이 불명확할 때는 어떤 주제로 무엇을 주고 싶은지 모르는 채 습관적으로 의미 없이 움직인다고 했다. 어떤 일을 성취하기 위해 목적이 있어야 하듯이 글을 쓰는 목적이 분명해야 한다는 것이다.

이 책을 읽고 나는 왜 하루 중에 많은 시간을 책을 읽고 글을 쓰려고 하는지를 생각했다. '블로그에 글을 쓰는 목적이 무얼까?' 생각했다. 글을 쓰는 목적은 내 글을 읽는 사람들도 자신의 글을 쓰며 서로 도움을 주고 받고 싶기 때문이다.

블로그는 내 생각을 세상과 연결하게 해주는 통로인 것 같았다. 평범한 일상생활에서 체험 블로거 글쓰기를 시작으로 책 읽기와 강의 듣기를 하면서 생활의 변화가 생겼다. 이제는 체험 블로그 대신 책 서평과 강의 후기를 블로그에 쓰고 있다. 좋은 책과 강의의 내용을 다른 사람들에게 공유하며 도움이 되었으면 했다. 블로그를 통해서 서로의 생각을 공유하고 다른 사람들과 또 하나의 관계가 만들어지는 과정에서 즐거움도 느낄 수 있었다.

사람마다 각자의 일과 생각이 다르다. 그래서 블로그에서 각자의 일과 생각을 공유하면서 서로에게 도움을 받는 공간이 블로그인 것 같다. 자신이 원하는 것을 찾아가며, 잘하는 일을 알려준다면 블로그 이웃 중에 누군가는 '좋아요'라고 당신을 응원해 줄 것이다. 그리고 공감이나 댓글이 당신에게 힘을 주기에 그 응원에 힘을 얻을 것이다. 그 힘이 작더라도 큰 힘이 된다.

내가 블로그에 글을 쓸 때 내가 쓴 글을 내가 읽고 내 생각을 정리할 수 있어 좋았다. 내 사소한 일상도 블로그 이웃들을 통해 공감, 격려, 그리고 위로를 받을 수 있어서 더 신이 난다. 무엇보다 생각을 나눌 수 있는 블로그 이웃들이 있어 좋다. 자신이 하고자 하는 일을 글을 써서 나누면서 친구들이나, 지인에게, 나에게 말하는 것 같다. 그리고 불특정 블로그 이웃들과 서로 좋은 것을 나눌 수 있어서 좋았다.

글쓰기 능력이 뛰어나거나 경험이 화려하지 않아도 내 생각을 블로그에 올리고 있다. 블로그 이웃들은 내 생각에 공감과 댓글로 어느새 서로 친한 친구가 되는 거 같다. 생각을 글로 표현하는 것이 쉬운 것이 아니지만 블로그에 공감과 댓글로 응원을 받을 때 실제로 이웃에 사는 친한 친구와 같은 느낌이 들어 신기할 정도이다. 소소한 일상의 생각도 글로 쓰는 것으로 나는 시작하고 있다. 그래서 오늘도 글을 쓰면 블로그에 올려 이웃들과 소통하고 있다. 이것이 파워 블로그의 첫걸음인 블로그 글쓰기가 되었다.

스마트스토어는 어떨까?

한참 유튜브를 보던 중 스마트 스토어를 창업하는 프로그램을 구독, 시청하게 되었다. 현대를 살아가는 사람이라면 누구나 경제적인 자구책을 마련하고 싶어 한다. 사람들은 경제적 이익을 얻기 위해 시간과 노력을 투자한다. 나도 예외는 아니었다. '어떤 일이 좀 더 부가가치를 높일 수 있을까?' 하고 알아보던 때였다.

'돈 버는 방법'을 알려주는 유튜브 영상은 사람들의 이목을 끌었다. 나도 스마트 스토어에 흥미를 갖고 있던 때라 유튜브 영상을 보고 책도 읽어 보았다.

스마트 스토어를 하는 것은 생각보다 그리 어렵지 않다고 했다. 택배는 업체에서 보내고 주문받은 것은 판매처로 넘기면 된다고 했다. 네이버에 물건을 올릴 때도 기존에 있는 것 그대로 올려도 된다고 했다. 남들이 하는 것처럼 하면 되는 것 같은데 그것을 실행에 옮기기는 쉽지가 않았다.

유튜브로 했던 프로젝트는 사람들에게 도움이 될 수 있다. 그래서 발빠르게 이런 예들을 모아 콘텐츠로 프로그램을 만들어져 판매되었다. 인스타나 유튜브 등에서 심심치 않게 스마트 스토어를 배울 수 있는 강의들이 많은데 이런 것들이 그것 중 하나가 아닐까 생각했다.

나 또한 창업 준비를 위해 필요한 세부사항들이 궁금했던 차에, 관련된 책도 읽었다. 나 또한 스마트 스토어에 대해 더 알고 싶었기에 들었던 스마트 스토어에 대한 기억을 더듬으면서 이 책을 다시 꼼꼼히 읽었다. 스마트 스토어에 대한 유튜브를 볼 때와 또 다르게 책이 더 공감되었다. 기본에 충실하면서 자신이 해왔던 일들을 조목조목 적은 내용을 읽으면서 더 진정성이 느껴졌다.

영상과 책을 접하는 차이가 이런 게 아닌가 생각하면서 새삼 책이 주는 매력을 맛볼 수 있었다. 독서를 많이 한 지식인들과 성공한 사람들의 성공담들을 들을 때면 늘 책을 빼놓지 않았다는 것을 다시 한번 느껴 보았다. 나도 책을 읽다 보니 점점 내가 무엇을 좋아하는지 생각을 많이 하게 된다. 그래서 성장을 위해 다른 사람들의 경험을 통해서 배울 수 있는 책을 읽는 것을 멈추지 않고 있다. 나는 유튜브와 책을 다시 보며 행복한 경험을 하고 있다. 궁금하고 관심이 있는 것들을 이미 경험한 사람들의 영상이나 책을 통해 지식을 얻을 수 있으니 말이다. 이것이 유튜브나 책이 사람들로부터 관심을 받을 수 있는 이유인 것 같다.

새로운 일을 찾기 위해 스마트 스토어에도 관심이 있었지만 나는 책 서평을 하고 강의를 듣다가 책 쓰기 코칭을 받게 되었다. 그래서 이제는 책이라는 매체를 통해서 내 브랜드를 만들려고 하고 있다. 아침마다 일찍 일어나서 하는 일이 내 글이라는 제품에 상세 페이지를 만들면서 책에서 본 내용이 내게 똑같이 적용되고 있다는 생각을 하게 되었다.

책에서는 독자가 궁금할 만한 정보와 함께 책을 홍보해야 한다고 했다. 이 방법이 성과를 주기에 나도 콘텐츠를 기획할 때 세 가지를 고려해 보기로 했다.

첫째, 어떤 책을 독자에게 소개할까?

둘째, 독자에게 도움이 될 만한 경험은 무엇일까?

셋째, 내 경험의 글을 어떻게 연결해서 보여줄까?

이렇게 한다면 독자들이 광고를 접하더라도 제품에 대한 거부감을 줄여주는 동시에 좋은 책을 소개받았다는 느낌이 든다고 했다.

스마트 스토어나 유튜브의 유입 과정도 비슷하다고 했다. 내가 쓰는 책도 마찬가지가 아닐까 생각했다. '독자가 궁금할 만한 정보는 무얼까?' '내 이야기는 독자에게 어떤 도움이 될까?'라는 생각을 하게 되었다.

나는 책을 읽고 글을 쓰면서 나에 대해 깊이 성찰하는 시간을 가졌다. 그래서 내 책을 읽는 사람도 작은 용기를 내서 자신에게 필요한 책들을 읽으면서 생각을 표현했으면 좋겠다. 이렇게 나는 내 책으로 스마트 스토어를 창업하기로 했다.

1인 기업의 주주가 되기로 했다

"제가 주식을 사고 싶은데 어떤 주식이 좋을까요?"

"요즘 미국 주식이 좋다고 하던 데요?"

"아, 네. 하지만 한국 우량 주식을 사보세요."

"네, 한 번 생각해 보겠습니다."

2년 전 한창 주식 붐이 일고 있었다. 사람들이 국내 주식을 물론, 해외 주식에 관심이 날로 커갈 때였다. 주위 사람들은 주식 투자해서 돈은 많이 잃었다는 사람만 있을 뿐 돈을 벌었다는 사람은 극히 드물었다. 그러나 주식 투자의 장점을 강조하던 사회적 분위기에 편승해서 나 또한 귀가 솔깃해 해외 주식에 관심을 가졌다. 남들은 주식 거래를 쉽게 생각했지만, 나에게는 용어에서부터 모든 것들이 생소하게만 느껴졌다.

일반 사람들에게 주식은 손해 볼 확률이 높은 것으로 인식되어 있다. 그래서 투자 전문가들은 '계란을 한 바구니에 담지 말라'며 분산투자를 권한다. 나 또한 1997년 IMF 경제 위기를 경험했던 사람으로 신중한 접근의 필요성을 절실히 느끼는 사람이었다. IMF 때에 정기 펀드 예금에 투자한 적이 있었다. 그런데 이자를 받기는커녕 손해만 보고 말았다. 언니도 주식을 샀다가 낭패를 보았다고 했다. 그 후 증권 투자는 할 것이 못 되는 것이라는 생각하게 되었다.

증권사 직원이나 은행 직원들도 주식을 하다가 손해를 입는 일이 허다하다. 그래서 일반인들도 하려고 한다면 많이 공부가 필요한 것 같다. 주식에 대해 기본 지식이 부족하면 결과적으로 손해를 보기 쉽기 때문인 것 같다. 이것은 주식 시장에서 계속 돈을 잃는 것은 시장 자체의 문제는 아니라고 한다. 많은 사람이 주식을 통한 상당한 이익을 보기를 원하지만 시장 경제를 제대로 알기 쉽지 않기 때문이라고 한다. 물론, 낮은 가격에 사서 높은 가격에 팔아야 이윤을 극대화할 수 있다는 것은 삼척동자도 아는 사실이지만 세상살이가 그렇게 만만했으면 얼마나 좋겠는가? 전문가들은 경제를 알기 위해서는 꾸준한 관심과 공부하라고 한다. 그래서 경제 관련 책을 읽는 것도 좋다고 했다. 이런 책을 기반으로 기초지식을 쌓고 배워야 하는데 나는 시간이 없다는 핑계만 댔다.

우리 삶과 경제는 늘 함께하기에 기본적인 경제 지식을 공부해야 하는데 나와 남편은 경제에 관심이 없었다. 한 번은 증권 회사에 다니는 남편 후배가 종잣돈을 펀드에 넣어두면 일반 정기예금보다 이율이 높다고 해서, 모아 두었던 두 아이의 세뱃돈을 펀드에 넣었다. 그리고 조금씩 저축하는 마음으로 나도 일반 정기예금보다 이자가 높으니 대출금으로 투자도 해 보았다. 그런데 기간이 정해진 것이라 손실이 생겼다. 리스크가 거의 없을 거라는 말만 믿었던 게 문제였던 것 같다. 그래서 "돌다리도 두들겨 보고 건너라."라는 말이 있나 보다. 투자는 자기가 선택하고 결정하는 것이기에 손해를 보아도 누구를 탓할 수 없다는 말을 실감할 수 있었다.

미국 경기가 살아나 미국 주가가 최고치를 달리고 있을 때였다. 나는 유튜브에서 ETF가 괜찮다는 말을 듣고 또다시 증권 회사 다니는 후배에게 종목을 추천해 달라고 해서 샀다. "낮은 가격에 사서 높은 가격에 팔아야 이익을 얻는 것" 이 주식 투자의 본질이라고 했는데 달러 환율이나 ETF 매수 값이 높았지만 조급한 마음에 사 보았다. 나처럼 평범한 주부도 주식에 관심 있던 때는 팔 때라고 했지만 나는 비싸도 사두면 나중에 '올라가겠지!' 하며 주식을 샀다. 잘 알지도 못하면서 실행만 한 후 그 주식은 마구 떨어지니 의욕도 상실해서 그냥 묻어 두고 있다.

대체로 사람들은 투자한 것에 대해 이윤만을 생각하면서 조급함 때문에 손해를 최소화하기 위해 빨리 처분함으로 인해 손해를 보는 경향이 많다고 했다. 착실하게 은행에 저축하는 것보다 주식으로 현금의 가치가 떨어지지 않는 것이 최고의 방법이라고 하지만 주식을 공부하지 않는 것이 문제다.

우리 부부는 기본적인 경제 지식이 없어서 지인의 추천 종목을 주식에 투자했다가 낭패를 봤다. 무엇보다 주식 투자는 본인의 여윳돈으로 장기적 안목으로 접근해야 한다. 만약 투자해서 설령 손해를 봐도 경제적으로 큰 피해가 되지 않는 범위에서 해야 한다는 것도 깊이 느꼈다.

뿐만 아니라 아이들과 같이 경제에 대해 서로의 생각을 나누고 싶다. 아이들이 생각하는 경제 관념은 어떤지 여러 이야기를 나누고 싶다. 요즘 나는 경제공부에 잘하지 못하지만, 관심은 늘 가지고 생활하려고 한다.

    지금은 나를 찾고 싶은 일로 책을 보면서 내가 하고 싶은 일을 잘하고 싶다. 지금은 나에게 최고의 투자는 내가 하고자 하는 일에 최대한 많은 시간을 주고 공부하는 것이다. 나만의 지식을 만들기 위해 시간과 열정을 투자해서 살아가는 지혜를 얻는다면 어떤 투자보다 더욱 값진 것이라는 생각이 들었다. 아직도 경제를 모르는 엄마지만 책을 읽고 글을 쓰는 것으로 1인 기업의 주주가 될 것이다.

만나는 사람들이 나를 바꾼다

내가 이루고 싶은 목표를 하루에 100번씩 몇 번 쓴 적이 있다. 하루에 100번씩 100일 동안 쓰면 기적이 이루어진다고 한다. 우리 어머니들이 100일 동안 정화수를 떠 놓고 100일을 기도하면 소원이 이루어진다는 믿음이 그냥 있었던 옛이야기가 아닌가 보다. 조상들의 의식이 놀랍기만 하다. 예나 지금이나 100일 동안 간절히 원하고 행하면 소원이 이루어진다는 것인가 보다. 나도 하루 100번씩 100일 동안 이루고 싶은 일이 무엇일까 생각해 봤다.

책을 통해서 한 작가를 만나게 됐다. 그것도 제주라는 지역에서 생활하는 작가라 그 반가움은 사막에서 오아시스를 만난 기분이었다. 그렇게 작가님을 만나게 되면서 작가의 꿈을 꾸게 됐다. 일기나 다이어리를 왜 쓰는지를 이제는 좀 알아가고 있다. 그래서 "적자생존"이라는 말도 생겨

났나 보다. 내 일상의 기억은 희미해지고 언제 일이었는지도 모르는 채 흘러간다. 그래서 쓰면 살아남는다는 말이 맞나 보다. 일기장의 역할을 하는 블로그로 쉽게 볼 수 있어서 알 수 있었다.

블로그와 핸드폰에 모아 두었던 기록들 덕분에 작가와의 만남은 여름이 시작되는 때였는데 책을 읽고 글을 쓰다 보니 6개월이 더 흘렀다. 독서를 하면서 책의 중요성을 알게 되었다. 막연하게 책이 좋다고 생각하던 나는 책을 읽다가 작가들을 만나게 됐다. 어느새 나는 이제껏 살았던 것과 다른 삶을 살고 있다. 책을 읽던 삶에서 책을 쓰는 사람이 되었으니 말이다.

책이 중요하다고 공감하며 내 목표도 동기부여 작가가 되고 싶었다. 항상 똑같은 어제가 아닌 새로운 하루하루를 만들고 싶다. 그래서 나를 바라보며 내가 간절히 원하는 삶은 무엇인지를 생각하는 글을 쓰고 있다.

오래전에 잃어버렸던 내 꿈을 생각하게 되었다. 50이 넘는 엄마가 꿈을 꾸기에는 늦을 수 있지만, 지금이 가장 젊은 날이라고 생각하기로 했다. 내 꿈을 찾고 성공할지, 못할지는 모른다. 하지만 성공에 있어서 목적을 달성하는 것도 중요하지만 그 목적을 이루기 위해 가는 과정 자체가 성공을 말해 준다고 했다. 그리고 꿈이 있다면 오늘이 나에게 주어진 하루가 더 소중할 것 같다. 무엇보다 행복하기 위해 나는 꿈부터 꾸는 하루를 살아가고 있다.

외롭고 쓸쓸하게 세상을 혼자 살기보다는 사랑하는 사람들과 즐겁고 행복하게 살고 싶다. 다행히 사랑하는 사람을 만나서 두 아이의 엄마가 되는 행운을 가졌다. 즐겁고 행복한 일이지만 내 꿈과 목표는 아니라는 생각을 했다. 그래서 내 꿈은 무엇인지를 찾고 싶어 책을 읽기 시작했다. 그 책 속에서 만나는 사람들이 나를 변화시킨다는 것을 느끼기 충분했다.

이제는 가정이라는 굴레에서 벗어나 보다 넓은 세상을 알아가고 성장하고 싶다. 내 에너지가 내 안에서만 머무르지 않기를 바라며 평범한 엄마들과 이야기를 나누고 싶다는 생각이 가득해졌다. 가정이란 울타리 안에서 느꼈던 삶과 평범한 엄마 자신의 내 이야기가 나 같은 한 사람에게 조금이라도 위로가 되고 용기가 되었으면 좋겠다. 내 배움이 사회적 가치를 만들기 위해 먼저 나에게 도움이 되고 다른 사람에게도 도움을 주고 싶다.

엄마와 아내로서 삶에 가치를 두었던 내가 나를 찾으면서 힘차게 행진하려고 한다. 부모님은 내가 꿈을 갖고 당신들보다 더 행복하게 살았으면 할 것이다. 나는 욕심이 있어 나도 행복하고 다른 사람도 도움이 되는 일을 하고 싶다. 그래서 지금이라도 나에게 좀 더 집중하고 내가 좋아하고 잘할 수 있는 것을 찾아가고 있다. 그것은 책만큼 유용한 것은 없다고 생각했다. 책을 쓴 사람들의 다양한 삶을 읽으면서 내 생각은 조금씩 변화되고 있다.

주말 저녁에 어떤 책을 읽을지 생각이 나지 않아 강의를 듣게 되었다. 강의에서 한 달을 마무리하고 새로운 달을 맞이하며 목표를 적어보라고 했다. "목표가 없는 사람은 목표가 있는 사람에게 이용당한다."라고 했다. 그래서 나의 비전에 대해 다시 생각해 보았다. 나는 작가가 되어 나에게, 다른 사람들에게도 도움이 되는 것이다. 그래서 나를 찾는 내 이야기를 책으로 준비하고 있다. 목표가 없는 사람은 목표가 있는 사람에게 이용당하지 않기 위해서 목표를 생각하고 만들고 그것을 향하여 작은 걸음을 옮기고 있다.

글을 쓰면서 많은 것을 느끼고 깨닫고 있다. 자신에게 작가라는 호칭을 붙이고 글을 써야 작가이기에 글을 쓰면서 하루를 시작하려고 한다. 그러면 내가 목표하는 모습이 된다고 믿는다. 책을 읽으며 책 속의 작가들이 나를 바꾸고 있다.

나도 작가다

"엄마, 요즘 글 쓰는 것은 어떻게 잘 되세요?"

"응, 책을 쓴다고 생각하니까 항상 바쁘다."

이제야 아들이 바쁘면 전화를 못 해도 내가 하는 일에 열중하다 보니 걱정할 시간이 없어졌다.

"너도 바쁘면 전화 자주 안 해도 엄마는 이해해!"

"알았어요. 저는 엄마가 이렇게 도전하는 모습이 너무 멋지다고 생각해요."

"응, 엄마도 집에서 너희 둘 만을 쳐다보며 살지 않으니 시간이 쏜살같이 가는구나!"

"도전하는 엄마를 보면서 엄마는 젊은 사람 못지않다고 생각해요. 나이가 중요한 것이 아니라 무엇인가를 할 수 있다는 용기를 가진 사람이 젊은 사람이라고 생각해요."

늘 전화로 안부를 묻는 아들이 있다. 내가 전화 걸어 잘 지내느냐고 하던 나는 요즘은 아들 전화만 받는다. 내 코가 석 자니 말이다. 누가 시켜서 하라고 했으면 이렇게 열심히 할까? 하며 생각한다. 나도 나 자신과의 약속을 지키기 위해 오늘도 바쁜 일상을 보내고 있다.

외국에서 홀로 지내며 공부하는 아들은 코로나로 인해 한국에 오지 못하고 올해 대학 졸업을 위해 열심히 공부하고 있다. 지난 4년 가까이 한국에 오지도 못한 채 가족이랑 떨어져 지냈으니 얼마나 집이 그리울까? 요즘 엄마가 더 그립고 생각이 나나 보다. 밥을 먹을 때도 피자를 만들어 먹을 때도 치킨을 살 때도 엄마와 나누었던 말들을 기억한다고 했다. 같이 없으니까 예전의 내가 했던 말을 되새기며 지내는 것 같다. 옛날에 내가 부모님의 말씀을 늘 생각하며 지냈던 것처럼 아들도 그렇게 지내는 것 같다.

어려움을 같이 느꼈던 동지에서 이제는 내게 힘을 주는 아들이 됐다. 한국에 오면 나를 위해서 맛있는 요리를 해준다고 한다. 엄마는 아들에게 그동안 해주지 못했던 끼니를 해주는 것이 아니라 아들 밥을 얻어먹을 것 같다. 내가 아는 선생님은 아침에 일어나서 올레길을 걷다가 방과후에 온다며 걷기 운동에 빠져 지낸다고 했다. 나보다 다섯 살 위인 그 선생님이 열정적으로 보인다. 그 이유가 '운동을 열심히 해서 그런가?' 나는 책을 읽고 글을 쓰면서 내 열정을 유감없이 쓰고 있다.

그리고 책을 읽고 글을 쓰면서 울 수 있다는 것을 알아가고 있다. 누가 어떤 가수가 좋아요? 어떤 영화가 인상 깊어요? 어떤 배우가 좋아요? 하지만 딱 누가 좋거나 좋아하는 노래나 영화를 말하지 못했다. 지금도 가장 인상 깊게 읽었던 책을 선택하라면 선뜻 말하지 못한다. 아직도 책을 많이 읽지 못해서 그런 것 같다. 하지만 어제 아침에 글을 쓰기 전에 책을 찾다가 작가가 추천한 책을 꺼내어 읽다가 눈물이 나와 코가 빨개졌다.

내 남편도 내게 늘 감사하다고 이야기해 주어서 늘 기뻤고 자신감이 생겨났던 적이 있었기 때문이다. 이렇게 감사라는 작은 말이 한 사람에게 큰 힘을 발휘한다고 생각했다.

그래서 감사일기를 평상시에도 계속한다면 좋겠다고 생각했다. 그러나 처음에는 그 감사의 기쁨이 나에게 피부로 다가오지는 않았다. 저녁에 졸린 눈을 비비며 늘 갈등했다. '이것이 나를 어떻게 만들어 준다는 것인가?' 감사일기를 쓰기 시작하고 100일쯤 되면 무엇인가가 느끼는 무엇이 있을 줄 알았다. 그래서 곰곰이 여러 날을 보내면서 또 생각하게 됐다. 이제는 감사일기를 쓰면서 당연하게 생각되는 것들이 나에게 커다란 선물이고 축복이었다는 사실과 그것으로 행복했다는 사실을 뒤늦게 깨닫게 되었다.

나도 '이런 감사를 매일 나에게, 생활 속에 다른 사람에게 해주고 싶다. 하지만 가족에게는 감사하다는 말이 잘 하지 않게 된다. 그래서 감사일기라도 더 쓰면서 나도 행복하고 행복을 전하는 연습을 하려고 한다. '이제껏 내가 생각했던 삶이 바로 이것을 말하고 있었구나!'하고 느꼈기 때문이다. 이제까지 가족에게 했던 것은 무엇을 바라고 한 것이 아니라 내 영혼의 사랑을 주고 싶었나 보다.

사랑하는 사람들은 행복할 수 있는 것 같다. 엄마, 아빠가 그랬고 내가 그랬던 것이 아닌가 생각했다. 사랑을 받아도 행복하지만 줄 때 더 설레고 행복하다. 그것은 선물 줄 때 느껴지는 기분을 아는 사람이라면 알 수 있다.

나도 이런 훈훈한 사랑을 나누고 싶어졌다. 내가 아는 사람들도 그런 사랑으로 살아가는 힘을 얻었으면 좋겠다. 그 힘이 또 다른 사람에게 사랑하는 힘을 준다면 얼마나 좋을까? 나도, 사랑하는 가족도, 사람들도 이런 사랑을 꿈꾸며 살아가는 것이 아닐까 생각했다.

평생 엄마로 살기보다는 내 이름으로 당당하게 살며 다른 엄마들에게도 작은 용기를 전해주는 사람이 될 것이다. "떨 수밖에 없다면 떨면서라도 그렇게 하라! 그래서 "나도 작가다."라고 말하며 글을 쓰고 있다.

배움을 돈으로 바꾸는 기술

"무슨 책? 이 나이에 무슨 공부?"

오랜만에 연락된 친구의 말이다. 그 친구는 대학에서 강의하다가 이제는 젊은 강사들에게 물려주겠다고 한다. 어머니의 목회 활동을 도우면서 대학에서 강의하고 있다. 요즘 내가 책을 읽고 있다고 하니 놀라서 하는 말이다. 나이라는 것은 숫자에 불과하다고 하지만 늦었다는 기준을 몇 살에 둬야 할까? 생각의 차이가 그 사람을 만든다. '젊다'라는 말은 육체적일 뿐 아니라 정신적인 것까지 말하고 있는 것 같다. 젊은 사람도 시대가 요구하는 지식을 배우지 않고 머물러 있다면 늙은 사람과 같지 않을까? 늙은 나이에도 도전하고 배우려는 생활이 젊게 사는 것이고 젊은이라고 말하고 싶다.

평범한 중년의 엄마인 나도 늦었다고 생각하기보다 지금이 가장 젊을 때라고 생각하며 내가 원하는 것을 찾겠다고 용기를 갖고 하고 있다. 내가 가진 무한한 능력과 가능성을 믿고 그것을 찾고 있다.

배움을 위해서는 환경이 중요하다고 말을 많이 한다. 이는 사람의 사고를 변화시키기 위해서는 환경이 주는 영향이 무엇보다 크기 때문인 것 같다. 우리 부모님들이 그랬듯이 자식들에게 공부할 수 있는 분위기를 만들어 주려고 애를 쓴 것은 그만큼 환경이 중요하기 때문이다. 그 환경에서 배우고 성과를 낼 수 있도록 도울 수 있기 때문인 것 같다.

나는 직접 다양한 세미나에 참석해 강의를 듣지는 못하더라도 고전을 읽고 내 생각을 글로 씀으로써 배우는 환경을 만들고 있다. 그렇지 않고서 내 의식이 변하지 않을 것이고, 지금 당장 실행하지 않는다면 아무것도 이루어지지 않기 때문이다.

그래서 책을 읽으며 조금씩 환경을 바꾸고 있다. 먼저 걸어갔던 작가의 길을 따라 나도 가고 있다. 강의를 들으면서 나에게 필요하다고 하는 책들을 읽고 싶어 샀지만, 많이 읽지 못했다. 산 책보다 못 읽은 책이 아직도 많지만, 글을 쓰며 꼬리에 꼬리를 찾으며 그 책들을 읽을 수 있어서 좋았다. 그 책들을 읽을 때면 조금씩 내 의식이 변해가는 것을 느낄 수 있었다. 내가 할 수 있는 범위 내에서 시간을 갖고 내 능력만큼 읽고 이해되는 것 같았다. 앞으로 계속 책을 읽는다면 내 의식의 변화는 더 좋은 쪽으로 나아갈 수 있겠다는 생각을 감히 한다. 그래서 책을 읽는 것이 내 의식의 변화를 위한 첫 단계인 것 같다. 책이 내 생각을 바꾸고 움직이게 하는 원동력이라는 것을 느끼고 있다.

책에서 말하는 고전을 나도 읽으면서 나 또한 의식이 변하고 있다. 읽고 싶은 책은 주문하고 가지고 있는 책을 펼쳐 볼 시간이 없으면 이 책에서 권하듯이 오디오북을 들었다. 그래도 나는 활자를 보는 것이 좋아서 다시 종이책을 읽는다.

'어떻게 써야 하지? 내가 뭐라고! 다른 사람들이 내 글을 보고 웃으면 어떻게 하지?' 이틀이 멀게 늘 나에게 이런 말들이 튀어나온다. 왜 그럴까? 늘 글을 쓰기 전에는 이런 불안한 마음이 들었다. 그러나 그 불안한 마음의 문을 닫고 글을 썼다. 그러면 "언제 그랬지!" 하며 나에 대해 자신감이 생긴다. 왜 이런 생각이 계속 나를 괴롭힐까? 앞으로 이런 불안한 생각이 내 마음을 힘들게 하지 않도록 배움의 시간을 통해서 할 수 있다는 자신감을 만들 것이다.

나는 예전부터 기계 작동을 어려워했다. 결혼 전 클래식 음악을 좋아해 전축을 사용하면서 동생에게 늘 물어보며 눈치를 봤다. 복잡한 기계를 다루는 것을 좋아하지 않고 간단한 조작 몇 개만 알면 되는데, 기계에 대한 어려움이 나를 지배했기 때문인 것 같다. 익숙하지 않아서 그러는 건데 그런 나를 "기계치"라는 틀에 가둬 두었다. 이제는 그런 생각이 들 때 '이 작동하는 방법을 어떻게 하면 편안하게 느끼게 할 수 있을까?' 하며 긍정적으로 생각하고 배우려고 한다. 어렵다고 생각하는 두려움 대신 좋은 면을 더 생각하며 그 파급효과에 대해 즐거운 상상을 한다면 더 잘 배울 수 있다고 했다. 그래서 내가 원하는 생각에 집중하는 것이 필요하다고 한다. 그리고 그 어려움을 풀려면 내가 그것을 해야 하는 이유가 분명할 때 그 어려움도 극복할 수 있다고 했다.

또 나이가 들면서 물건을 어디에 두었는지 몰라 당황하는 적이 많다. 그러나 나는 책을 읽고 글을 쓰니까 치매는 걸리지 않을 거라고 큰소리 친다. 나를 지배하는 잠재의식은 "나의 뇌는 배움으로 다져지기에 문제 없다."라는 말을 믿게 되었다. 책을 통해서 알게 되는 배움이 나를 건강하게 해준다는 믿음을 내 생각에 심어주고 있다. 이런 사고의 변화가 나를 변화시키고 있기에 책이 얼마나 중요한지를 느끼고 있다. 그동안 그렇게 소극적이고 자신이 없다고 생각하는 무의식을 내 안에 감춰두고 모른 체하며 살고 있었다.

아프리카 속담으로 사람들 마음속에는 나쁜 늑대와 착한 늑대가 있는데 누구에게 먹이를 주는가에 따라 그 늑대가 이긴다고 했다. 이 아프리카 속담을 들으면서 그동안 나는 걱정이 많은 나쁜 늑대에게 먹이를 주고 있었다.

미래를 불안해하며 잦은 실패에 자신감이 없는 나를 내 잠재의식에 남겨두었다는 것을 깨닫게 됐다. 이젠 이런 부정적인 생각을 긍정적인 생각으로 채우고 있다. 긍정적인 내 생각으로 내 잠재의식을 채우고 나에게 무한한 능력이 있다고 믿기로 했다. 생각하지 않고 하는 남들의 부정적인 말에 내 생각을 뺏기지 않게 내 무의식에 내가 원하는 생각으로 가득 채우고 살아갈 것이다.

독서를 통해 잠재의식이 우리에게 얼마나 중요한지를 깊이 느끼고 있다. 책이 내 생각을 바꾸며 내 잠재의식을 바꾸고 있다. 내 안에 있는 잠재의식이 "나는 무한한 능력이 있고 배움이 돈이 되는 기술을 만들 수 있다!"라고 나에게 말하고 있다.

꿈같은 일상을 꿈꾸다

나는 전공을 살려 오후에 특수학교에서 아이들을 가르치고 있다. 이렇게 나의 작은 지식을 계속 유용하게 쓸 수 있어서 늘 감사할 뿐이다. 가르치는 과정을 통해 많이 배우게 되며 또한 가르치고 난 후에는 항상 나를 되돌아보게 된다. 나의 부족함을 깨닫게 하는 동시에 좀 더 노력의 필요성을 느끼고 있다.

오후 수업 가기 전에 유치원에서 특수 유아를 돌보는 자원봉사를 했었다. 여기에서는 내 이름은 없고 내가 돌보는 꼬맹이 이름을 붙여서 누구 선생님이라고 아이들은 부른다. 그래서 아이들은 내 이름과 나이를 늘 궁금해하며 묻곤 했다. 내 이름이 좀 촌스러워 말해 주지 않고 내 나이는 유치원에 들어올 때 100살이라고 해서 한 해를 넘기니 101살이 되었다. 아이들은 101살 할머니가 왜, 이리 젊냐며 눈을 동그랗게 뜬다. 나는 그런 말에 더 웃는다.

천진난만함과 해맑은 눈동자를 가진 아이들과 즐겁게 놀아주는 것은 즐겁다. 하지만 내가 돌보는 아이는 다른 아이들과 잘 어울리지 못한다. 나는 그 아이의 엄마처럼 늘 옆에서 말을 걸고 같이 논다. 엄마 같은 마음으로 따뜻하게 아이에게 말을 건네고 놀이를 하면서 조금씩 그 아이에게 규칙을 가르친다. 그 꼬맹이는 표현을 안 하지만 나는 그 꼬맹이가 나를 좋아하는지 싫어하는지 안다. 귀엽고 사랑스러운 그 꼬맹이는 유치원에서 선생님들에게도 인기가 많다. 아이들도 유치원 선생님들도 모두 그 꼬맹이에게 관심 어린 사랑을 주었다.

"선생님! 누구는 초등학교에 가면 어떻게 공부해요? 유치원에서는 매일 놀지만, 학교에 가면 매일 공부해야 하는데." 이제 그 꼬맹이는 유치원을 졸업하고 초등학생이 될 시간이 얼마 남지 않았다. 숲속 유치원에서 늘 자연을 벗 삼아 뛰놀다가 초등학생이 될 것을 생각하니 나도 걱정이 앞선다. 늘 재미있게 노는 유치원에서도 그는 종종 "유치원에 안 올 거!"라고 말한다. 요사이 나는 그 꼬맹이와 약속한다. "나도 너를 보러 유치원에 오니, 너도 꼭 와야 해!" 하며 약속을 한다. 그래서 나는 그 꼬맹이와 약속을 어기지 않기 위해서 유치원 오는 것이 중요한 일이 되었다.

방학에 남편이 발가락을 다쳐 이틀 동안 빠진 적이 있다. 유치원 반 선생님도 그 아이와 잘 놀아주기 때문에 내 상황을 잘 설명해 주기로 하고 빠졌다. 이틀 후 유치원에 왔을 때 그 꼬맹이가 나에게 삐진 것을 느꼈다. 이틀이지만 나에게 화가 난 모양이었다. 하지만 다시 내가 유치원에 계속 나오니 그 마음이 풀렸다. 이제 그 꼬맹이는 학교에 가야 하니 나는

"학교에 가야 해!" 하며 걱정스러운 말을 한 적이 있다. 그랬더니 꼬맹이는 "학교 안 갈 거!"라고 했다. 그 후부터는 꼬맹이에게 부정적인 감정이 생기지 않게 좋은 쪽으로 돌려 말했다. "좋아하는 누나가 다니는 학교에 가니까 좋겠다. 초등학교 형이 되면 정말 멋지겠다!"라고 좋게 말했다. 하지만 내 마음은 유치원에 있는 한 아이의 말처럼 걱정이 된다. 꼬맹이가 학교에 적응할 수 있게 내가 그곳으로 돌봄이라도 신청하고 싶었다. 내가 꼬맹이 학교에 돌봄을 간다면 그 아이가 새로운 환경에 마음이라도 안정될 텐데 말이다. 그러나 지금 나는 내가 원하는 일을 준비하고 싶기에 아쉬운 마음뿐이다. 그 꼬맹이가 학교에 가서도 다른 선생님의 도움을 받으며 잘 지내라고 기도할 뿐이다.

이렇게 나는 해오던 일을 줄이고 글을 쓰고 있다. 목표에 도달하기 위해서는 지식도 필요하고 노력과 시간이 필요하다. 내가 하고 싶은 일이 생기면서 지금은 주어진 시간을 내가 원하는 것을 하는 시간으로 만들고 있다. 조금 더디고 느려도 의지만 굽히지 않는다면 목표에 도달할 수 있다고 생각한다. 그래서 내 일에 대한 선택과 결정할 때는 늘 책임감과 인내라는 것을 가지고 하려고 한다. "책임과 인내"라는 이 단어는 나를 늘 강하게 만든다. 딸로, 엄마로, 아내로 그리고 사회의 한 사람으로 인내하며 책임을 다하려고 노력하는 것 같다.

새로운 도전으로 나는 책을 읽고 글을 쓰면서 많은 것을 느끼고 알게 됐다. 오랫동안 나를 알지 못하고 이해하지 못했던 나를 찾아가고 있다. 그저 마음속에만 있었던 내 생각 속에서 누구보다 '나를 먼저 사랑해야 한다는 것이 필요하다'는 것을 느끼게 됐다. 먼저 나를 이해하고 사랑하는 것에서 시작해야 한다는 걸 깊이 알아가게 됐다. 그렇게 내 생각을 글로 쓰면 약속이라도 한 것처럼 블로그에 올리며 숙제하는 맘으로 글을 썼다. 이렇게 나의 성장은 책을 가까이하면서 시작되고 있고 그 생각을 글로 쓰면서 나를 이해하고 사랑하는 힘을 얻게 되었다. 그 이해와 사랑이 또 다른 사람을 이해하고 사랑하는 힘을 길러주고 있다.

사랑을 받기보다 사랑을 줄 때가 더 행복하다는 말이 있다. 그렇게 사랑을 주려면 내 사랑이 부족하면 어떻게 될까? 이제는 나를 충분히 사랑해 주어야겠다. 비행기를 타고 갈 때 안전사항 중 하나로 위급상황에 산소마스크는 본인부터 착용하라고 되어 있다. 이 말은 남을 도우려면 먼저 자신을 안전하게 한 다음이라고 말하고 있다. 이렇게 나도 살아가면서 내가 힘든 위급상황에 먼저 나에게 산소마스크를 했는지를 생각하기로 했다.

살다 보니 나를 사랑하며 나로 살기보다 다른 사람이 바라는 나로 살았다. 이제는 힘들 때 나에게 먼저 산소마스크를 주었는지 잠시 멈추고 생각해야겠다. 그리고 다른 사람이 원하는 삶이 아닌 내가 원하는 삶을 살고 있는지 생각해야겠다. 지금 내가 새롭게 하고 싶은 일이 바로 내 감정을 알고 이해하며 내가 원하는 삶을 위해 먼저 나에게 산소마스크와 같은 글을 쓰고 싶다. 오늘도 잘 살아가기 위해서 자신을 알고 이해하는 내 생각을 쓰는 시간에서부터 출발하고 있다. 내가 하고 싶은 일은 "나도 할 수 있고, 당신도 할 수 있다"는 말을 하는 일상을 꿈꾸고 있다.

행복한 고민을 시작하다

나에게는 TV 보는 것을 무척 좋아하는 남편이 있다. 예전엔 나도 TV 보는 걸 좋아해서 아빠가 TV 플러그를 자른 적도 있다. 아빠는 하루 종일 밭에서 일하고 돌아오면 우리는 TV 앞에서 넋을 놓고 보는 모습에 애꿎은 TV 플러그만 잘렸다. 그 후에도 아빠의 마음보다 재미있는 TV를 아빠의 오토바이 소리가 나기 전까지 열심히 봤다. 지금 아이들이 게임하거나 유튜브를 보는 것과 같을 것이다. 이런 어린 시절이 있었는데, 결혼하니 남편이 TV를 너무 좋아했다.

아이들을 키울 때는 TV가 없는 방에서 지냈을 정도로 TV를 아이들에게서 멀리하려고 했다. 우리 아빠가 나에게 그랬던 것처럼 말이다. 내가 TV를 보다 보면 시간을 도둑맞은 것 같을 때가 많았다. 가끔 시집에 가서 연속극을 보면 TV에 빠져든다. 그러면서 또 다른 것을 계속해서 보게 되면 내 시간은 어느새 멀리 가 버렸다.

남편은 아이들보다 TV를 더 좋아한다고 생각할 정도로 집에서는 TV와 함께 지냈다. 밖에서 힘들게 보낸 보상으로 생각 없이 본다고 하면서 말이다. 우리는 첫째 아이보다는 둘째가 어리다는 핑계로 자주 함께 TV를 봤다. 그래서 둘째 아이와 TV를 볼 때면 재미있는 오락 프로그램을 잘도 골라 줘서 좋기는 했다. 나는 아이에게 이런 장점을 살려 PD를 꿈꿔보라고 권하기도 했다. 어릴 적 TV를 좋아하던 둘째는 커가면서 친구와 핸드폰을 더 좋아한다. 보통 아이들처럼 말이다. 엄마로 아들이 어떤 꿈이 있는지 오리무중이지만 둘째가 좋아하는 것을 하며 살아갔으면 좋겠다.

나는 아들이 사회적 통념보다 자신이 정말 좋아하고 잘할 수 있는 일이 무엇인지 알았으면 좋겠다. 그래도 "원님 덕에 나팔 분다"라고 나도 아들 덕에 외국 여행하는 날이 하루빨리 왔으면 좋겠다.

"엄마"라는 우리는 자신들보다 자식들이 행복했으면 하는 바람이 큰 것 같다. 그래도 우리 아들, 딸이 잘되어 엄마도 덩달아 행복해지면 얼마나 좋을까 생각한다. 그런데 그런 기회를 잡지 못해서 문제다. 모든 사람이 그렇게 되면 안 돼서 그런가? 하지만 행운 같은 일을 만드는 사람은 꼭 있다. 일흔한 살에 손자 덕분에 스타가 된 것처럼, 나도 꿈같은 일상을 상상하면서 즐겁게 살고 싶다.

그러면 한 번인 인생을 즐겁고 행복하게 살려면 어떻게 살아야 할까? 나도 열심히만 살기보다 하루빨리 인생을 즐기면서 살고 싶다는 생각이 들었다. 먼저 내 마음의 천당과 지옥도 내가 결정하는 것이기에 매사에 어떻게 생각하는 것에 따라 즐거울 수도 있고 고될 수도 있다는 생각을 했다. 그러면서 매 순간 즐기려면 어떻게 해야 하는지를 생각했다.

멀리 여행을 떠나며 즐길 수도 있지만 가까운 산책을 하거나 책을 읽으면 다양한 삶과 생각을 즐길 수도 있다고 생각했다. 이렇게 나는 마음이 진짜 자유로운 여행, 행복한 여행을 늘 꿈꾸고 있다.

나도 멋진 여행을 하는 꿈을 꾼 적이 많다. 여행을 멀리 가지는 못했지만, 제주라는 특성을 살려 제주 브이로그를 유튜브에 올린 적이 있으니까 말이다. 남편과 주말마다 놀러 갔던 곳이나 친구들과 갔던 곳을 휴대폰으로 동영상을 만드는 것을 즐겼었다. 그래서 유튜브 영상을 휴대폰으로도 만들 수 있다고 해서 시도했었다. 서툴러도 해봤다는 것에 의의를 두었다. 사진도 찍고 동영상을 친구들과 함께 볼 수 있어 더 좋았다. 영상은 사진보다도 더 좋은 기록이 될 수 있으니 더 의미가 있어 좋았다.

지금은 정말 내가 좋아하고 잘할 수 있는 유튜브를 하기 위해 생각하고 있다. '지금은 글을 쓰면서 좋은 책을 리뷰하는 북-튜브는 어떨까?' 하며 생각하고 있다. 이 책을 읽으니 유튜브를 다시 해 보고 싶다는 생각이 든다. 나도 나를 찾아가는 여행을 하면서 하고 싶은 일이 많아져서 행복한 고민을 하고 있다.

지금 나는 '나도 행복하고 다른 사람도 행복하게 하는 삶이 무엇일까?' 하는 생각을 한다. 자신이 느끼고 좋았던 것을 알리고 같이 나누고 싶은 마음은 누구에게나 있을 것이다. 나도 내가 알고 있는 좋은 것들을 글과 유튜브를 통해 나누고 싶다는 마음이 간절하다.

"아들아, 너는 어떤 것이 하고 싶어!"

나도 CEO

　요새 나는 온라인으로 사람들을 만난다. 사람들을 직접 만나지 않고도 휴대폰을 통해서 혹은 컴퓨터 모니터를 통해서 사람들의 모습을 봄으로써 사람들과 친한 사이가 될 수 있다. 코로나로 인해 오프라인에서 하던 일이 이제는 온라인을 통해 이루어지고 있다. 나 또한 유튜브를 통해 책의 중요성을 알고 온라인을 통해 강의를 듣다가 글도 쓰게 되었다.

　독서를 통해 두려운 것과 마주해 보기로 했다. 나를 잘 살펴보면서 내가 어떤 것에서 두려운지 생각해 보았다. 요즘 나는 더 운전하는 것을 미루지 않아야 한다는 생각으로 운전하기로 했다. 운전이 현대 생활에 얼마나 필요한지를 잘 알고 있기 때문이다. 첫째 아이가 어렸을 때 아는 고향 언니와 운전면허를 땄는데, 어쩌다 장롱면허가 되어버렸다. 처음 겁이 없을 때 시작했어야 했는데, 차일피일 미루다 보니 두려움이 그만큼 그 자리를 채웠는지 운전하는 게 무서운 일이 되어버렸다. 기계와 친하지 않는다며 미루어 두었던 것을 다시 도전하려고 한다. 사고의 위험이 있는 두려움 때문에 운전이라는 것이 어렵게만 느껴졌다. 내가 원하는 것보다 그 두려움이 더 크기에 그것을 이기지 못하는 것이 아닌가 생각했다. 이제는 그 두려움보다 좋은 면을 생각하려고 한다.

요즘 나는 중년에 글을 쓰게 되었다. 늦었다고 생각하니, 마음의 조급함만 앞섰다. 생활의 사소한 기쁨을 느끼던 것도 사라지고 목표를 향해서 달려가는 나 자신이 보였다. 현재도 즐기며 행복해야 하고 건강도 살펴야 하는 데 그런 마음이 생기기 힘들었다. 남편 덕분에 내키지 않아도 운동도 하고 놀러 가기도 하지만, 좀 더 내가 하고 싶은 일에 집중하고 싶기에 마음은 늘 바쁘다. 나는 이렇게 나를 위로해 주고 내가 새로운 것을 깨닫게 해주는 책이 보물 지도라고 생각하고 있다.

이렇게 나는 온라인을 통해서 책을 읽고 사람들과 소통하면서 소소한 즐거움과 재미를 느끼고 있다. '행복해서 웃는 것이 아니라, 웃으면 행복해진다.'라는 말로 온라인 톡 방의 많은 사람이 입을 모아 말을 하고 있었다. 나를 사랑한다고 하면서 내 얼굴은 힘들어 웃지 못하고 있었다. 예전에 하던 일에서 나를 찾는 자기 계발까지 하려고 하니 말이다. 그런 나는 같이 웃어보자고 하는 말에 "네" 하며 웃는 얼굴을 찍고 톡 방에 올리면서 웃는 표정이 어색하지 않았다. 예전엔 사진을 공개적으로 톡에 올리면 잘난 척하는 것 같아 주저했다. 하지만 생각을 바꾸고 나를 위해서 했다. '남을 의식하는 삶이 언제면 나에게서 멀어질까?' 하는 생각도 들었다. 예전의 나는 잘 웃었는데 그 미소가 주는 밝은 기운을 잊고 살았다는 생각이 들었다. 요사이 웃는 것이 어색했던 미소가 웃는 연습만으로도 내 얼굴이 환해지고 어느새 나도 행복해졌다.

나도 감사일기를 저녁에 하려고 하니 많이 힘들었다. 아침 일찍 일어나는 것을 하다 보니 저녁때는 잘되지 않아 꼭 하고 싶은 일은 아침에 하고 있다. 그래서 아침에 감사일기를 쓰고, 요가로 스트레칭하고, 호흡법으로 스트레스 해소하며 명상하면 좋겠다는 생각이 들었다.

그러나 지금까지 단순하게, 꾸준히 하는 것이 있는데, 그것은 글을 쓰는 것이다. 내 이야기를 쓰겠다고 시작하면서 아침에 글을 쓰는 것이 가장 중요한 일이 되었다. 그리고 글을 계속 써야 잘 쓸 수 있을 것 같아 계속하고 있다. 누구나 복잡한 것이 싫지만 특히 나는 단순하다. 여러 가지 다하고 싶지만, 내가 가장 중요하다고 생각하는 일을 먼저 하지 않으면 할 수 없어서 제일 먼저 글을 썼다.

"아이들은 부모의 뒷모습을 보며 자란다."라는 말을 많은 사람들이 한다. 지금은 아이들이 집을 떠나 공부하고 군대에서 열심히 자신과 나라를 지키고 있다. 그래도 집에 있는 남편이 내 뒷모습을 보고 있다. 집에서는 책을 보지 않고 TV을 보며 쉬겠다던 사람이 점점 같이 책을 읽고 있으니 말이다. 나도 이렇게 책을 읽고 글 쓰는 것이 재미없다면 계속하지 못할 것이다. 이런 내 모습이 나도 좋다.

엄마가 되어 어떤 꿈도, 목표도 모르면서 아이들에게 꿈을 가지고 목표를 가지라고 했다. 중년의 제2의 인생을 시작하며, 20대 우리 아이들처럼 꿈을 갖고 목표를 갖게 되었다. 아침마다 꾸준히 글을 쓰는 엄마를 보면 내 아들은 무엇을 느끼게 될까?

지금까지 나는 전공을 살려 미술적인 것을 아이들에게 가르쳤다. 아이들을 가르치는 것보다 아이들과 같이 지내는 것이 늘 새롭고 즐거웠다. 아이들과 같이 있으면 웃겨서 웃는 것이 아니라 아이와 같은 마음이 될 수 있어서 즐거웠다. 어른들도 똑같다. 어릴 적 친구들을 만나면 그 순수한 시절을 생각하며 웃을 수 있었다. 말을 많이 하지 않아도 옛날을 생각하며 친구의 말 한마디에 한 번 더 웃을 수 있었다. 순수했던 기억을 추억하며 지금도 그때처럼 웃을 수 있어 좋았다. 웃겨서 웃기보다는 친구와 함께하니 더 즐거워해서 같이 웃을 수 있다. 그러나 지금은 현재보다 미래를 생각하며 사랑하는 사람들과 친구들과 자주 함께 하는 것이 부담스럽기는 하다. 하지만 시간이 허락하는 대로 사랑하는 사람들과 많이 만나 웃으려고 한다. 미래에만 마음을 도둑맞지 않고 현재에도 감사하며 즐기는 마음도 잃지 않고 싶다.

책을 읽고 글을 쓰면서 나는 나를 좀 더 이해하고 많은 것을 느끼고 있다. 이제는 나처럼 나를 찾고, 자신이 원하는 삶을 찾고 싶은 사람들과 함께하고 싶다. 내 인생을 경영하는 경영인으로 이제껏 갖지 않았던 작가라는 꿈도 꾸고 있다. 나도 퍼스널 브랜드의 CEO가 되겠다는 큰 그림을 그리고 있다. 행복한 엄마로, 아내로 내 일도 잘 해내고 싶다. 이제는 나를 찾는 글쓰기라는 〈나찾시 성장 연구소〉라는 브랜드로 나는 CEO가 될 것이다.

나의 가치는 내가 정한다

"아이 피곤해!"

"뭐 했다고 피곤하다고 하는 건데? 밭에 갔으면 큰일 났겠네!"

주말에는 으레 시집에 가고 있다. 어머님이 한 주 동안 불편하지는 않은지 필요한 거나 도와드릴 일은 없는지 살피고 심부름을 하는 정도다. 거의 남편이 청소, 어머니 심부름 등 모든 허드렛일을 도와드리고 있다. 어머님도 음식을 해서 자식에게 해주시는 것을 좋아하시니 나는 주방에서 조금씩 거든다. 그래서 특별히 하는 일은 별로 없다. 남편과 같이 가서 오름도 가고 바닷바람도 쐬면서 주말의 여유를 갖는다. 하지만 난 왜 피곤할까? 주말을 여유 있게 보내는 데 말이다.

몸은 편하게 보내지만 내가 해야 할 일이 산더미처럼 쌓여 있는데 항상 미루고 있는 것 같은 느낌이 든다. 아이가 크면서 나의 일들이 집에서 바깥으로 옮겨가고 있다. 그래서 남편이 나를 많이 도와줬다. 지금도 남편이 나를 많이 도와주는 것 같다. 예전에 나의 일이 대부분 아이와 남편 위주였다면 이제는 내가 좋아하는 글쓰기와 밖에서 하는 일로 대체가 되었다.

직장 생활을 하는 사람이나 주부는 자신이 해야 할 일이 있고, 하고 싶은 일이 있을 것이다. 많은 사람이 해야 하는 일을 하다 보면 정작 자기가 하고 싶은 일은 못 할 수 있다. 예전의 나는 아침에 커피 한 잔을 하거나 산책을 하고 좋은 영화를 보는 소소한 일상에서 행복했다. 지금은 소소한 행복보다 조금이라도 내 시간을 갖기 위해 내가 해야 하는 일보다 내가 하고 싶은 일을 위해 내 시간을 만들려고 한다.

그래서 요즘은 내 일을 줄이고 내 시간을 만들고 있다. 그러나 내가 쓸 수 있는 시간은 한정되어 있어서 여러 가지 일로 집중하고 싶은데 그것이 잘 안 된다. 내가 하고 싶은 일을 위해 아침에 밥 차리는 시간을 줄이거나 집안일은 좀 나중으로 미루기도 한다. 그러나 미룬다는 생각이 나를 불편하게 할 때가 많다. 집안 살림은 해도 끝이 없다. 여러 가지를 잘 해 내는 사람도 많지만, 그 사람은 그러기 위해 오랫동안 단련이 되었을 것이다.

주부로 내 일을 한다고 하면서 사랑하는 가족에게 잘 챙겨주지 못할 때 미안함을 느끼기도 한다. '왜, 나는 이렇게 여유가 없이 바쁘게 살고 있지?' 예전의 좀 한가한 시간을 생각해 보았다. 예전처럼 소소한 일상의 행복도 중요하다. 하지만 내일의 나를 위해서 지금은 좀 힘들지만 나를 위한 시간이라는 사랑을 주고 있다는 생각이 들었다.

결혼 전 서울에 살 때 많은 사람이 1분 1초를 쪼개어 출근 전에 영어를 배우거나 저녁 시간을 활용하는 사람들이 생각났다. 주부가 되니 그런 분주함과는 거리가 먼 생활을 하는 것 같다. 결혼 전에는 나를 위해 가만히 안주하지 않고 무엇이라도 하려고 바쁘게 지냈던 기억이 난다. 지역적 특성상 제주는 도시와 다른지 일상이 천천히 움직이는 것 같았다. 천천히 걸어야 볼 수 있는 산과 바다가 있는 자연이 함께해서 그런가?

그러나 요즘 그런 제주 자연을 느끼고 힐링하는 시간보다 결혼 전처럼 내가 하고 싶은 일을 하기 위해 잠시 미뤄두며 마음만 바쁘다. 미래에만 마음을 두니까 지금 내 마음의 여유가 없어서 그런지 힘든 것도 사실이다. 나도 잘 모르는 길을 찾아 헤매느라 소중한 가족에게 본의 아니게 소홀하기도 하고 집안일도 뒤로 미루는 것 같다.

그러나 오늘은 주말이고 명절을 앞두고 친척들에게 감사를 전하기 위해 친정 동네로 갔다. 친한 고향 친구가 친정 동네에서 귤을 재배하고 판매하는 가게를 지나가게 되었다. 친구는 지나다가 언제든 들리라고 해서 갔는데 그날이 가장 바쁜 날이었다. 친구는 명절 때라 귤 택배를 하느라 정신이 없었다. 한 번 들으라고 한 친구는 미안한 마음에 레드향을 맛보라고 주면서 다음에 차 마시자고 했다. 친구는 아이들을 가르치는 공부방을 하다가 이제는 좀 쉬려고 일을 그만두었다. 자기 일을 정리했음에도 불구하고 남편의 하는 일을 도와주느라 다시 바쁘게 지낸다. 남편의 일을 수수방관할 수는 없다고 했다. 능력도 많고 일복도 많은 친구다.

그런 친구와 달리 우리는 늘 베짱이 부부 같다. 주중에 일하더라도 칼퇴근을 해야 하고 주말은 쉬어야 한다는 것이 남편의 생각이다. 남편은 주말에 좋아하는 낚시를 하러 종종 나를 데리고 바닷가에 간다. 집에 있으면 밥순이, 집순이가 될 텐데 밖으로 나가게 해주니 얼마나 고마운 일인가? 요즘 글을 쓴다며 마음의 여유가 없는 내게 억지라도 여유를 갖게 해주니 남편이 고맙다.

무슨 새로운 일을 한다며 마음만 바쁜지 모르겠다. 누가 하라고 했으면 하기 싫었을 것이다. 자신을 위한 일이기에 시간과 돈을 투자하고 있다. 무엇 때문에 나는 주말에도 편하게 쉬지 않고 아침부터 저녁까지 책을 보며 끙끙거리는 걸까? 농사를 짓거나 사업체를 운영하는 것도 힘들지만 책을 쓰면서 새로운 영역의 가게 하나를 만들려고 하는 것이기에 나도 힘든가 보다. 내가 배움을 통해 얻은 지식을 이용하여 나만의 가게를 운영할 수 있다면 나도 좋고 남을 도와 풍요로워질 수 있다면 좋겠다.

지금 내가 애쓰게 하는 것이 생소한 것들이라 힘들지만 의미가 있는 일이라고 생각한다. 그래서 새로운 일을 시작하면서 일상생활도 예전처럼 하려고 하니 바쁜 것 같다. 하지만 이 시간이 즐겁고 좋다.

인터넷으로 옷을 사던 나는 이제 책을 주문하고 책을 읽는 사람들과 만나서 대화를 나누고 있다. 여유로운 여행은 하지 못하더라도 여행보다 저렴한 돈으로 강의를 듣고 책을 보며 새로운 환경에서 내게 시간과 마음을 주고 있다. 글을 쓰고 책을 읽는 일이 나에게 많은 의미와 가치를 준다고 생각하기에 바쁜 일상을 쪼개서 그 시간을 만들어가고 있다. 양손에 모든 것을 쥐고 살 수는 없기에 어떤 것을 선택해야 할지가 중요해지고 있다. 그래서 매번 어떤 것을 하고 싶은지 그 가치는 생각하며 선택하는 것을 반복하고 있다.

느리지만 꾸준하게, 속도보다 방향이다

"뭐 할 거야? 퇴직하기 전에 미리 준비해야지!"라는 나의 말에 남편은 "당신이나 잘하세요. 내 것은 내가 알아서 해!" 하며 신경질적으로 답한다. 우리 부부를 가끔 살벌한 분위기로 만드는 주제이다. 우리는 50이 넘는 중년이지만 아직도 퇴직과 거리가 먼 현역으로의 삶을 살아야 하는 부부다.

'지금 내가 행복하지 않다면 그 무엇이 중요한가?' 요즘 내게 주는 주제인 것 같다. 요즘 내가 해야 할 일도 있지만, 나는 내가 하고 싶은 일을 하고 있다. 해야 할 일을 쳐다보며 지금 내가 원하는 일을 하면서 스트레스를 받기도 한다. 나는 지금 즐겁기보다는 보다 나은 내일을 위해 현재의 즐거움을 아껴 저금하고 있는 것 같다. 미래에는 좀 더 내가 원하는 일을 하며 즐거울 수 있다면 좋겠다는 생각 때문이다. 이런 성향을 목표 지향적이라고 말하는 것 같다.

늘 가까이에서 있는 내 남편은 다른 성향을 갖고 있다. "인생 뭐 별거 있어? 대충 살아. 그렇게 애를 쓴다고 달라지는 것 없어!" 하는 현실 자족형이다. 현재의 소소한 행복을 추구하는 남편은 내가 글을 쓴다며 아침, 저녁으로 하는 것들에 불만이 있을 수 있다. 하루는 남편이 쉬는 날, 술김에 나에게 불평한 날을 잊을 수가 없다.

나는 남편의 말 한마디로 웃고 우는 바보였다. "뒤끝 작렬!"이라며 다음날 나는 웃으며 내가 먼저 화를 풀었다. 나는 아침, 저녁으로 애쓰는데 남편은 유유자적이니 내가 다소 실망스럽다고 생각하는 것에 기분이 상한 것 같았다. 말은 호탕하게 하지만 속은 나만큼은 생각할 것이다. 퇴직후에 어떤 일을 할지 남편도 생각이 많을 텐데 내가 툭툭 말할 때마다 힘들었던 것 같다.

생각해 보니 내가 상대방 입장을 고려하지 못했다는 생각이 들었다. 내가 답답하고 힘들다는 핑계로 상대의 기분을 상하게 할 수 있다. 이런 일이 있고 나서 깨달은 것이 또 하나 있다면 아들에게 왜 생각이 없냐며 매서운 눈으로 질책을 서슴지 않았던 것이 떠올랐다. 엄마인 내가 이해해 주지 않으면 그 누가 우리 아이를 이해해 줄까? 하는 생각을 하게 되었다. 그저 사랑을 주기만 해도 모자란 아이에게 내 욕심을 채우려는 엄마처럼 느껴졌다.

나도 무슨 일을 할 때 만족스러운 결과를 얻지 못할 때도 많은데 나는 그 과정보다 결과만을 중요하게 생각하지 않았나 반성하고 있다. 자신은 이해해 주기 바라면서 상대방의 입장은 고려하지 않고 겉으로만 보이는 것을 보면서 판단했다. 아내로 엄마로 이해해 주고 공감해 주어야 할 소중한 가족에게 상처를 줄 수 있다는 미안함이 마음 한구석에 자리했다. 그래서 속도보다는 방향이 중요하기에 참고 인내하는 시간이 필요한 것 같다.

　나 또한 내가 갈 길과 방향을 선택하기 위해 책도 읽고 자료도 찾아보고 깊은 생각을 하면서 많은 시간을 할애하고 있다. 위로와 응원은 못 할망정 재촉하지는 않아야 하는데 잘 안된다. 특히 늦었다고 생각하는 사람들에게 속도보다는 방향에 더 힘을 기울일 수 있도록 힘을 줘야 하는데 말이다. 방향이 틀리면 하고자 하는 일이 더 늦어진다. 그래서 자신의 목표에 도달하기 위해 방향을 설정하는 것이 가장 중요한 것 같다.

　그래서 자신이 생각하는 방향을 정했다면 원하는 것에 집중하고 그것을 풀어간다면 자연히 속도는 생길 것 같다.

　"우리는 성장할 뿐 늙지 않는다. 성장을 멈출 때 비로소 늙게 된다."라고 랠프 월도 에머슨이 한 말이다. 시간은 더 앞으로 나아가고 세상은 더 많이 좋아지고 변해가는데 지금에 머무는 사람은 후퇴하는 삶이다. 젊어도 젊지 않고 늙은 사람은 더 늙을 것이다. 그래서 내가 성장하려면 지금 현재의 나를 알아야 한다. 그리고 내가 원하는 것에 초점을 맞추는 것에서부터 시작하는 것이다. 나에게는 지금이 최적의 시간임을 알고 있다.

　중년에 들면 삶의 의미가 더 다가온다고 한다. 한 TV 프로그램에서 할머니가 돌아가셔서 외롭게 살아가는 할아버지는 동네에 폐지를 모아 그 돈을 손자들의 통장에 넣어 주시는 것을 보았다. '허리가 굽어 걷기도 불

편하지만 자신이 살아있다는 존재의 의미를 만들고 싶은 것은 아닐까?'
하는 생각이 들었다. 마땅히 다른 일은 할 수 없고 폐지를 줍는 일은 할
수 있기에 불편한 몸에도 불구하고 일하게 만드는 힘은 존재의 의미 때
문인 것 같았다.

　노년기에는 의미를 경험하지 못하는 사람들이 뇌졸중, 알츠하이머병
에 취약하고 심장마비에 걸릴 확률이 높으며, 평균수명도 낮다는 연구결
과가 있다.

　요즘 나는 글을 쓰면서 그 의미를 찾고 있다. 나는 누구이며 나에게 의
미 있는 일은 무엇인지를 말이다. 엄마에게서 나로 어떤 의미를 찾아야
하는지 생각하게 되었다. '나에게 의미 있는 일은 어떤 것이 있을까?' 하
며 내가 하는 일을 다시 한번 생각하는 시간을 가지게 되었다.

　정신이 육체를 지배하기에 건강한 삶을 영위하기 위해 의미 있는 일을
하는 것은 또 제2의 인생에 있어서 무엇보다 중요하다고 생각했다. 그래
서 나는 느리지만 꾸준하게 글을 쓰면서 과거의 나도 보고, 현재와 미래
를 생각하며, 세상을 이해하려고 한다. 비록 글을 쓰는 것이 쉽지는 않지
만, 힘들어도 속도보다는 방향이라고 생각하며 하고 있다.

　살아오면서 누구에게나 자신의 이야기가 있다. 그 경험과 이야기는 다
다르고 나이가 들면서 우리는 각자 자신만의 삶에 대해 철학적인 의미를
곰곰이 생각하게 되는 것이 아닐까 생각했다. 나도 나는 어떤 사람인지,
나는 무엇을 좋아하고, 무엇을 잘할 수 있는지를 생각하며 글을 쓰게 되
었다. 그래서 평범한 내 이야기이지만 하나의 이야기라고 생각하고 "쓰
고 싶다"라는 생각은 어느새 나의 이야기를 "써야겠다"라는 것으로 바뀌

었다.

누구나 자신의 이야기가 스토리가 된다는 말을 믿어야 한다. 글을 쓰기 전에 초라하게 느꼈던 삶 속에도 큰 의미가 있었다는 것을 글을 쓰면서 느낄 수 있었다. 내가 누구인지, 무엇이 나를 힘들게 했는지, 행복을 주었던 것은 무엇인지 생각하며 글을 쓸 수 있다. 그러면서 내가 무엇을 좋아하는지, 무엇을 잘하는지를 찾아가며 삶이 더 소중하게 느껴졌다. 또한, 내게 주어진 시간에 감사함을 더 느끼며 마음의 근육도 더 강해지는 것을 알 수 있다.

우연히 쓰게 된 내 이야기로 삶의 의미와 활력을 만드는 행운을 누리고 있다. 오늘도 아침을 깨우며 나를 돌아보고 나를 정리하며 하루하루 성장하고 있다. 행복은 성공해서야만 있는 것이 아니라, 이런 과정에서도 느낄 수 있어 오늘이 감사하고 행복하다. 느리지만 꾸준하게, "속도보다 방향이다."라는 말을 잊지 않으며 묵묵히 하려고 한다.

이제는 나를 마케팅한다

책보다 먼저 빠르고 쉽게 접할 수 있는 것이 유튜브가 되었다. 그러나 많은 유튜버의 출발점은 책이라고 했다. 그래서인지 나도 책을 읽으려고 했지만, 시간이 없다는 핑계로 많이 읽지 못했다. 예전에는 한 TV 프로그램을 보면서 한 권씩 따라 읽기도 했다. 그리고 가끔 아침마당에 책을 쓴 저자가 나오면 그 책을 사보거나 베스트셀러를 사서 읽기도 했다. 그러나 책은 읽었지만 나는 항상 그 자리에서 맴돌았다.

그러던 나는 유튜브를 통해서 유튜버들이 책을 읽으면서 경제 지식과 재테크에도 성공하게 되었다는 말에 관심이 갔다. 그래서 나도 경제 서적과 재테크 관련 책을 읽고 새로운 생각을 통해서 집이 하나의 투자의 대상이 될 수 있다는 것을 알게 되었다. 어설펐지만 그래도 경제 책을 읽고 두 번째 집을 사는 실행하는 사람이 되었다. 주식은 아무런 지식도 없이 단지 주위 사람들의 말만 듣고 투자했다가 낭패를 본 경험이 있다. 이런 경험을 통해서 알게 된 것은 모든 선택은 내가 하는 만큼, 아는 만큼 얻어진다는 것이다. 이것은 실행과 배움의 중요성을 말하는 것 같다.

이렇게 나는 책과 여러 유튜브 방송을 접하면서 많은 것을 배우고 있다. 그리고 SNS가 삶에 있어 중요한 시대를 살고 있기에 나도 인터넷이랑 친하지는 않아도 블로그도 하고 유튜브를 하려고 시도했다. 젊은 사람과 비교해 컴퓨터나 기계를 다루는 솜씨가 많이 떨어지다 보니 힘들었지만 늘 배우려고 한다. 지금은 강의도 듣고 책도 읽으면서 글쓰기에 도전하고 있다. 그중에 글을 쓰는 것이 다른 것들보다 내 성향에 맞는 것 같았다.

글쓰기를 통해 잊고 살았던 나를 돌아보며 일상에서 많은 깨달음을 얻고 있다. 삶의 과정을 통해 생각하고 느끼는 소소한 일상들을 글로 쓴다면 세월이 지나도 과거를 다시 돌아볼 때 그 기억을 추억할 수 있을 것 같다.

지금은 전공을 살려 학생들을 돌보면서 많은 보람을 느끼고 있다. 아이들은 노는 게 세상에서 제일 좋다고 한다. 뽀로로를 좋아하며 즐겁게 노는 아이들처럼 나도 노는 게 제일 좋다. 그러나 일과 일상 속에서 또 다른 새로운 나를 만들고 싶어 책을 읽으면서 내 생각을 정리하는 글 쓰는 일에 열정을 쏟고 있다.

글을 통해 내 생각을 나누고 공감할 수 있다면 삶이 더 풍요롭고 행복할 것 같다. 이것이 내가 글을 쓰는 목적이고 목표이다. 그것이 온라인도 좋고 오프라인도 좋을 것이다. 그러면 그 생각을 나누고 다른 사람들과 소통하려면 모임 하나는 만들 필요가 있다. 유튜브로 유명해진 한국의 대표 할머니는 "남들 장단에 춤추지 말고 자기 장단에 춤추라."라고 했다. 그래서 나는 완벽할 때를 기다리지 않고 용기를 내서 〈나를 찾는 글쓰기 시간〉이라는 글쓰기 채팅방을 만들었다. 이곳에서 책 이야기, 일상의 소소한 이야기, 작은 감사를 글로 쓰고 나누고 싶다. 그리고 글을 쓰면 블로그에 올리고 더 많은 사람과 소통하려고 한다.

이런 계기를 만들어 준 사람은 나보다 먼저 길을 가고 있는 사람이다. 2권의 책을 쓰고 휴식을 위해 제주를 찾은 한 코치였다. 메신저의 길을 걷고 있는 그 코치님을 만나면 '어떤 질문을 하면 좋을까'하고 생각했다. 나는 책 쓰기 코칭을 받고 있지만 어떤 콘텐츠를 해야 할지를 물어보고 싶었다. 그 코치님은 책을 쓰는 이유와 목적이 무엇인지를 내게 묻고 답을 들은 후 많은 용기를 주었다. 그러면서 〈나를 찾는 글쓰기 시간〉이라는 톡 방을 만드는 데 도움을 주었다. 또한, 나와 같은 엄마들과 함께 성장하는 연구소를 만들어 보길 권했다. 이런 계기가 나의 오랜 목마름에 갈증을 풀어주는 토대가 되었으며 용기를 얻게 된 계기가 되었다.

요즘 나는 소소한 이야기를 글을 쓰면서 블로그에 올리면서 느끼는 것이 많았다.

첫 번째는 글을 쓰면서 나를 알 수 있는 좋은 시간이 된다는 것이고, 두 번째는 평범한 내가 소중하다고 느끼고 나를 사랑할 수 있다는 것이며, 세 번째는 글을 통해서 나와 같은 중년의 엄마들과 공감할 수 있다는 것이다.

사람들은 자기가 좋다고 생각하는 것을 같이 나누려고 한다. 나는 글을 쓰면서 좋은 경험을 했기에 나처럼 평범한 엄마들에게 말하고 싶다. 아주 작고 사소한 것이라도 자신이 생각하는 것을 글로 쓰면서 시작해 보라고 권하고 싶다. 함께 책을 읽고 강의를 들어도 사람들은 각자가 달리 느끼고 다르게 표현한다. 그래서 자신의 목소리를 내고 자신의 색깔을 표현하라고 말하고 싶다. 글을 쓰고 공유하면서 힘들어도 서로 응원과 격려를 통해 힘과 자신감을 얻을 수 있다.

나는 살면서 경험하고 느끼는 평범한 주제를 가지고 글을 쓰고 블로그에 올렸다. 내가 쓴 것을 다시 읽어 보며 나를 바라보는 계기가 되었고, 그 글이 다시 나에게 의미와 가치를 주었다. 글을 통해 자존감을 찾고 소소한 일상을 글로 표현함으로써 생각이 커지는 것을 깨닫게 되었다. 그래서 나와 같은 엄마들과 책을 읽고 글을 쓰는 모임을 만들고 싶다. 초고를 끝내는 즈음에 책을 좋아하는 사람들, 글을 쓰고 싶은 사람들과 같이 블로그를 하면서 각자가 잘하는 것을 나누고 싶다. 이렇게 나는 블로그를 통해서 나를 마케팅하고 있다.

오늘을 살면 내일이 된다

'요즘 나는 무얼 하는 걸까?

무얼 하고 있길래 하루하루가 바삐 지나갈까?'

아니, 바쁜 것을 넘어 무엇인가에 쫓기는 듯한 기분이다. 나에게 무엇인가 알 수 없는 약속을 지켜야 하는 것이 있는 것 같다. 사랑은 받을 때보다 줄 때 더 행복한 것처럼 나도 살아가면서 다른 사람에게 도움을 주는 일을 하고 싶어졌다. 그렇게 내가 원하는 일을 생각하면서 여러 가지 생각의 꼬리를 무는 책과 강의를 듣고 많은 생각을 한다. 여러 시행착오를 거치면서 무엇을 해야 하고 무엇을 포기해야 하는지를 반복하고 있다.

예전과 다른 생각을 하고 일상을 살기 위해서 내 시간을 돌아보고 있다. 새로운 것을 시작하기 위해서 새로운 시간을 어느 곳에서 가져와야 했다. 예전의 했던 일들을 조금씩 줄이고 나에게 시간을 주고 있다. 그러나 욕심 때문인지 작은 시간을 갖는 것으로 갈증이 해소되지 않았다. 그 갈증을 해소하기 위해 많은 시간을 쓰다 보니 나는 힘들어 웃지 못하는 내가 보였다. 사랑하는 남편과 오래 이야기하는 것이 부담되었고 맛있는 밥을 만드는 것보다 빨리 간단한 음식을 먹는 것이 좋았다. 일상의 일들을 줄이면서 남편과 함께하는 시간과 집안일이 부담스럽다.

다른 사람에게 더 많은 시간을 주었던 것에서 이제는 내 시간을 만들면서 내 마음이 편한 것은 아니었다. 모든 것을 다 잘할 수 있다면 좋겠지만 그렇게 하기까지 힘든 여정과 과정이 있어서 마음의 여유가 없는 것 같다.

동전에 양면이 있듯이 성격도 서로 다른 면이 공존하는 게 아닐까? 하나를 가지려면 다른 하나를 포기하거나 양보해야 한다. 지금은 내게 사랑을 더 주는 것을 선택하기로 했다. 나도 사랑받기 위해 태어난 사람이기에 지금은 내게 시간이라는 사랑을 주기로 했다.

불현듯 중년이라는 시간에 나를 돌아보게 되었다. 혼자 살아갈 수 없기에 사회라는 공간에서 남들을 의식하며 지내왔던 무수한 시간 속에서 내 가치를 찾고 삶의 의미를 생각하게 했다. 그래서 나는 변화가 필요하다는 걸 느꼈다. 지금 무엇을 하지 않는다면 인생을 돌아보며 그동안 잘 살았다고 대답을 못 할 것 같았다.

지금 하는 일에서 삶의 의미와 보람을 찾아야 하는데, 그저 이방인이라는 생각과 작게만 보이는 일거리로 보람을 갖지 못하고 있었다. '좋아하는 일은 무얼까? 어떤 일을 잘할 수 있을까? 무엇을 하고 싶은가?' 하고 자신에게 묻고 물었다. 요즘은 오늘보다 더 나은 내일을 만들겠다는 생각으로 지내는 것 같다. 그래서 일상이 예전보다 편하기보다는 새로운 것을 시도하는 불편함을 겪고 있다.

책을 읽고 강의를 들으면서 며칠 전 독서 모임에서 사람들을 만났다. 온라인이라는 장점 때문에 비록 몸은 지방에 있지만, 마음만 있다면 언제, 어디에서나 강의를 들을 수 있는 시대가 되었다. 코로나19로 불편한 일상이지만 온라인 세계를 통해서라도 사람들을 만날 수 있어서 좋은 것 같다. 하지만 오프라인 모임에서 느끼는 것 또한 중요하기에 아쉬움이 있다. 그런데 내가 참여하려던 독서 모임은 5주 차에 오프라인 모임이 서울에서 한다고 했다. 서울까지 가야 하니 주저됐지만, 온라인과 오프라인으로 둘 다 진행하는 것이 좋은 것 같았다. 잘 모르겠지만 마음으로 이끌리듯 그 독서 모임이 하고 싶었다.

나는 늘 어떤 일을 할 때 분석하고 조사하기보다 마음이 끌리는 대로 하는 경향이 있다. 무언가 알 수 없지만 하고 싶은 것을 하는 성향이 있다. 나는 잘 알지 못하는 일을 할 때는 먼저 해 본 경험이 있는 사람에게 물어보곤 했었다. 하지만 이제는 도움을 받지만, 무엇보다 내 생각과 느낌이 더 중요하다는 것을 알아가고 있다. 조언도 직관도 중요하고 어떤 일을 하기 전에 꼼꼼하게 알아보는 능력도 나에게는 중요하다는 것을 알게 되었다. 이렇게 나는 크고 작은 결정을 하며 독서 모임에 참석하고 있다.

책을 읽으며 무언가 실행을 하기 위해 해야 하는 첫걸음은 책을 좋아하는 사람들과 독서 모임을 하는 것이다. 직접 만나 토론을 하면 좋겠지만 코로나로 인해 줌(Zoom)으로 토론을 하면서 배우고 있다. 책을 읽고 생각을 다른 사람들과 공유한다면 내 사고가 더 풍부해질 수 있다는 상식에서 출발했다.

내가 독서 모임을 한다면 어떻게 할까? 먼저 책을 읽고 자기의 느낌을 이야기하는 시간을 매주 한 번 갖고 최소 한 번 이상 블로그에 글을 올리는 것이다. 다양한 책을 읽고 폭넓은 사고를 하며 서로의 생각을 교류할 수 있는 모임을 만들고 싶다. 그 독서 모임 이름은 무엇으로 정할까? 하면서 혼자 가슴 설레어 본다. "블로 맘, 글로 맘 독서 모임"은 어떨까? '어떻게 하면 많은 사람과 소통을 할 수 있을까?' 한다. 그래서 '오늘을 살면 내일이 된다'는 생각으로 글을 쓰고 블로그에 올리면서 내일을 만들고 있다.

말하는 대로, 꿈꾸는 대로

생각하는 것이 말이 되고 말하는 것이 행동이 될 수 있다는 것을 알아가고 있다. 생각한 것을 행동하면 할 수 있다는 믿음의 싹이 생기기 시작한다. 나는 말하는 대로 된다는 것을 믿지 못하고 오랜 시간을 보냈다. 아직도 내 겸손을 가장한 체, 내가 잘할 수 있는 것보다 못하는 것에 늘 초점을 맞추어 살아왔다. 능력이 없어서, 시간이 없어서, 잘할 자신이 없어서, 못하겠다는 생각이 무의식적으로 힘들게 했다는 생각이 들었다. 그러나 이제는 부정적인 생각을 하기보다 할 수 있다는 최고의 것을 생각하기로 했다.

'나는 나를 이해하며 내 안의 작은 소리를 잘 듣고 있었나?' 20대 소녀에서 지금은 제2의 인생을 준비하는 50대이지만 20대 마음을 늘 간직하고 살며 내 안의 작은 소리에 귀 기울이고 싶다. 인생은 소중하니까 후회

없이 생각한 대로 마음먹은 대로 하고 싶기 때문이다. 그렇게 마음먹은 대로 생각이 말이 되고 행동이 되고, 그 행동이 습관이 되어 결국 그 사람을 만든다고 한다. 전적으로 이 말에 동감한다. 시작은 생각과 관심이다. 주로 어떤 생각을 하느냐, 어떤 말에 따라 행동하면서 인생이 달라진다. 나는 살면서 질문을 하기보다는 사는 문제를 어떻게 해결할 것인가에 집중했다. 나는 질문하지는 못했지만 살기 위해 나에게 주어진 문제를 풀려고 했다. 나는 그 문제들을 풀고 몇 점을 받았을까?

우리는 살아가면서 그 질문의 중요성을 모를 때가 많다. 나는 어떤 질문을 던지며 살았는지를 생각했다. 사는 문제에 급급해서 나에게는 어떤 질문을 하며 어떤 삶을 꿈꾸는지는 질문하지 않았다. 이제는 하루를 살아도 내가 원하는 삶이 무엇인지 질문하고 그 문제도 풀어가기 위해 책을 읽고 글을 쓰면서 생각하고 행동하려고 한다.

지금 내가 생각하는 질문은 나로서 '나는 얼마나 행복한가?' 하는 질문을 하고 있다. 내가 무엇을 좋아하는지, 나는 어떤 일을 잘하는지, 내면 아이는 어떤 아이인지, 어떤 강점이 있는지, 나의 가치와 의미는 어떤 것인지, 과거, 현재, 미래 등등에 수도 없는 질문을 하고 있다.

오랫동안 질문하는 법을 잊고 살았다. 사는 문제에만 급급하다 보니 나에게 관심을 주고 어떤 질문을 해야 하는지 모르고 주어진 문제만을 풀려고 했다. 질문을 제대로 해보지 않은 채 남들이 말하는 정답만을 찾기 위해 바쁘지 않았나?

중년의 평범한 엄마도 20대에는 꿈을 위해 살았다. 하지만 지금은 나에게 관심을 주고 질문하기보다 사는 문제를 해결하는 답만 찾아갔다.

그래서 지금이라도 나를 찾으며 간절하게 이루고 싶은 미래의 꿈이 무엇인지 질문하고 있다. 내가 정말 좋아하는 것, 원하는 것이 무엇인지를 찾으려고 질문하고 있다. 그 질문에 답을 찾는 것은 쉬운 일은 아니지만, 변화를 원하기에 그 답을 찾아가고 있다.

책을 읽으며 생각을 바꾸고 행동을 바꾸어 그것을 습관으로 만들고 있다. 그 변화가 예전과 다른 행동으로 대체되는 새로운 습관이 만들어지고 있다. 자전거나 자동차를 타기 위해 두려움을 이겨 내야 하는 과정이 있듯이 지금 내가 느끼고 있는 두려움을 즐거운 상상으로 대체하고 싶다. 생각을 행동에 옮기고 그것이 습관이 되기까지는 꾸준한 인고의 시간을 거치고 있다. 나를 이겨 내는 시간이 없다면 시원하게 자전거를 타거나 편하게 차를 타고 돌아다니지 못할 것이다.

도움이 되는 책을 읽더라도 내 생각을 행동으로 바꾸지 않는다면, 그저 멀리서 남들이 타고 다니는 자전거와 자동차를 구경하는 구경꾼일 뿐이다. 나는 즐거운 상상을 하며 책을 읽고 글을 쓰면서 내 질문에 답을 찾는 행동을 하려고 한다. 지금은 나에게 주어졌던 질문에 답하기보다 나를 위한 질문의 답을 찾아가고 있다. 이렇게 글을 쓰면 나는 어느새 한 장이 두 장, 세 장을 쓰면서 그 질문의 답을 찾아갈 수 있을 것이다. 늘 글을 쓸 때면 내 생각은 어느새 내가 원하는 것을 말하고 있었다.

글을 쓰는 습관은 하루아침에 생기지 않는다. 나는 나에게 필요한 책을 읽으면서 많은 질문 속에서 나는 어떻게 생각을 하는지를 정리했다. 책을 통해서 머릿속에 맴도는 생각을 글로 정리할 때 그것이 조금 더 나에게 각인되었다. 질문에 대한 답이 어떨 때는 틀릴 수도 있다. 모든 문제에 항상 정답이 존재하는 것은 아니지만, 과정을 통해서 답을 찾고자 애쓰고 있다.

새로운 것들을 배우고 익히기까지 많은 일이 꼬리에 꼬리를 물고 돌아갈 때마다 한 번씩 또 질문한다. 내가 선택한 이 일이 맞는가? 나는 올바로 가고 있는가? 다음에는 무얼 해야 할까? 하며 수도 없는 질문을 했다. 어렵고 힘들다고 느낄 때 모든 것을 내려놓고 싶을 때는 나를 이겨 내는 질문도 필요했다. 무엇이 잘못된 걸까? 한 번 더 생각해 보며 초심으로 돌아가길 반복했다.

예전에 나는 내 의지와 생각과 달리 걱정이 많았다. 할 수 있는 것에 집중하기보다 하지 못하는 일에 걱정하며 그것을 해결하려고 했다. 이제는 그런 걱정이라는 부정적인 감정 대신 내가 할 수 있는 일에 집중하고 있다. 그러면서 알게 되었다. 처음 생각했던 그 열정을 잊지 않기로 했다. 그것은 '어떻게 해야지?' 하며 내가 할 수 있는 작은 일부터 시작해야 한다는 것을 알아가게 되었다. 이것이 "생각한 대로, 마음먹은 대로, 말하는 대로 하는 것이다."

'어떤 것을 생각하고, 어떤 마음으로, 어떻게 하고 싶은가?' 50대인 내가 나를 돌아보며 질문하고 있다. 20 때는 결혼하면 어른이 된다는 말을 믿고 좋은 짝을 만나 결혼하는 것이 중요하다고 생각했다. 그래서 나도 어른이 되려고 결혼하여 사랑스러운 아들 둘을 낳고 키웠다. 그 많은 시간이 순식간에 흘러 왜 결혼해야 어른이 되는지를 알아가고 있다.

지금은 그런 삶을 살아온 나를 사랑으로 바라보고 있다. 가족과 나를 사랑하던 나에게서 이제는 더 많은 사람과도 즐거운 이야기도 나누고 싶어졌다. "말하는 대로 꿈꾸는 대로 할 수 있다"라고 말하면서 말이다.

아들에게 하고 싶은 말

공기가 얼마나 우리에게 소중한 것인지를 의식하지 못하며 지내온 것처럼 서로에게 주어진 시간의 소중함을 알지 못하며 지낼 때가 많다. 그래서 정작 중요했던 시간, 소중했던 사람들을 그냥 지나치지는 않았는지 자꾸 생각하게 된다.

나는 가족의 소중함과 중요함은 알면서도 각자의 일에만 충실하고 열심히 살면 되는 줄 알았다. 학교 공부가 우선이라는 생각으로 커가면서 아이들과 대화를 제대로 해 본 적이 없던 게 후회스럽다. 소중한 가족보다 학업이 우선이니 그 시간을 아끼며 집중하라고만 했다. 그리고 학업 성적으로 칭찬보다 우리의 높은 기준으로 판단하고 상처 주는 말만 했다. 우리의 어리석음에 아이들은 얼마나 힘이 들고 외로웠을까? 많은 사랑과 격려를 받아도 부족할 시기에 칭찬보다 질타 섞인 꾸지람을 더 주었으니 말이다. 아이들이 성장하고 나서는 어디서부터 말을 시작해야 할지 망설여졌다.

부모가 자식이 잘 되길 바라는 마음이야 어느 부모나 마찬가지겠지만 지금 와서 생각해 보니 방향은 맞는데 방법이 틀린 것 같다는 생각이 들었다. 아이들의 생각을 이해하기보다 우리의 생각만이 옳다고 강요했다.

모든 부모는 자식에 대한 기대치가 클 것이다. 더욱이 작은 아이에 비해 큰아이에게 거는 기대치는 더 높다. 큰아이는 참을성도 많고 성격이 매우 온순한 편이다. 어렸을 적에도 꾸지람을 들으면 어떤 변명도 하지 않는 아이였다. 부모의 기대와 공부가 인생의 전부처럼 되어버린 사회적인 분위기가 아들의 자존감에 많은 상처를 주는 것 같았다. 그래서 나는 그 아이를 우리 곁에서 멀리 보내고 싶었다. 아들이 부모나 다른 사람들의 말에 휘둘리기보다 자신을 믿고 자신이 원하는 삶을 살아가길 원했다.

남편과의 상의 끝에 아들을 좀 더 큰 세상에서 자기 주도적인 삶을 살도록 캐나다로 유학 보내기로 했다. 처음 아이를 혼자 외국에 보낼 때는 마음이 아프고 어떻게 잘 해낼지 걱정스러웠다. 하지만 아들이 폭넓은 선택을 할 수 있도록 기회를 주고 싶었다. 아들은 우리가 믿었던 대로 자신이 할 수 있는 최선을 다하며 하나하나 문제를 잘 해결해 나갔다. 그 일이 어제였는데 어느새 대학을 졸업하고 자신이 선택한 직장에 다니고 있다.

큰아들과 달리 작은 아들은 어릴 때 엄마에게 자기표현도 곧잘 하던 아이였다. 점점 커가면서 엄마보다 친구들을 더 좋아하는 아이가 되었다. 친구들과는 서로를 이해하고 즐거움과 어려움을 함께할 수 있어 좋아했던 것 같다. 이제는 엄마도 그저 즐겁게 이야기를 들어주며 위로도 해주고 도움이 되는 친구 같은 엄마가 되고 싶다. 친구 같은 엄마가 된다면 조금이라도 더 함께하는 시간이 생길 것 같다. 그래서 아들이 어떻게 하면 엄마를 친구처럼 편하게 생각할지 생각할 뿐이다.

부모로 아들들의 행복을 위해 했던 말들이 아이들에게 상처를 줄 수 있다는 생각을 했다. 앞으로 아이들에게 소중한 엄마로 친구로 남기 위해 내가 무엇을 줄 수 있는지를 다시 생각하고 있다. 멀리 있어도 같이 있어도 함께 같은 곳을 보면서 웃을 수 있고 시간을 나눌 수 있는 친구 같은 엄마가 되고 싶다.

우리는 잘 먹고 잘 살기 위해서 자신이 이루고자 하는 것에 많은 시간을 할애한다. 물론 그렇게 하는 것이 근본적으로 중요하지만 가장 중요한 것이 무엇인지 다시금 생각하게 한다. 중년이 되면서 주위의 어른들이나 아는 사람이 몸이 아플 때 일상이 얼마나 소중하고 가치가 있는지를 더 느낀다. 일보다 소중한 것은 가족이며, 사랑하는 사람들과 함께할 수 있는 마음과 여유가 가장 중요하다는 것을 느끼게 된다.

그리고 이제는 아들들이 친구가 되니 시간적 여유가 생겼다. 이 시간에 나는 지난 시간을 어떻게 보내왔는지를 생각하고 있다. 엄마로서 내가 할 수 있는 최선의 것을 했던 삶으로 의미와 가치가 있었다는 것을 글을 쓰면서 느끼는 좋은 시간이었다. 그 시간에 이어 이제는 엄마에서 나를 위해 무엇을 할 것인지를 깊이 생각하고 있다.

예전에는 가족만 보이더니 지금은 내게 시간을 우선 할애하고 있다. 나를 위해, 무엇을 하고 싶은지, 어떤 것이 중요하고, 의미를 주는 것은 무엇인지를 찾다 보니 시간의 중요성을 깊이 느끼게 되었다. 내 시간이 중요한 것처럼 동시에 다른 사람들이 나에게 할애하는 시간도 얼마나 소중한지 더 느끼고 감사하다.

지금은 내 시간도 갖고 시간이 되는 대로 내가 사랑하는 사람들과 함께하려고 한다. 특히 앞으로 같은 시간을 공유하기 힘든 아이들과 함께하는 시간은 엄마에게는 언제나 설레고 우선이 되고 있다.

책을 읽으면서 가장 소중한 것, 가장 중요한 것에 대해 한 번 더 생각하고 느끼게 되었다. "내가 내 세상의 중심인 것이다." 내가 중심이 되고 내 마음이 흘러가는 대로 하라고 했다. 내 마음을 아는 것이 나를 행복하게 만드는 지름길이라는 걸 알아가고 있다. 이제는 남을 의식하기보다 내 마음이 가는 곳을 의식하며 선택하고 싶다. 마음이 흐르는 대로 현재 내 감정에 맞는 최선을 선택하며 생활하고 싶다.

아들들에게도 남을 의식하기보다 자신이 원하는 감정을 이해하고 그 마음이 흐르는 대로 하라고 말해 주고 싶다. 아이들에게 나의 의견과 생각이 아닌 그들의 생각과 판단을 믿어 주고 존중하고 싶다. 문제를 해결하기 위해 가장 중요한 것은 무엇보다 본인의 생각과 행동이 중심이라는 것을 코칭 수업을 들으면서 다시 한번 느끼고 있다. 그저 공감해 주고 지지하고 응원하는 친구 같은 엄마가 되는 것이다. 아들들이 살아가면서 어려움이나 실패에도 엄마는 "너를 믿는다!"라는 응원을 늘 기억했으면 좋겠다.

요즘 나는 필요한 책을 읽고 변해가는 생각과 내 이야기를 글로 쓰고 있다. 내가 글을 쓰는 이유 중 하나는 내 아들들에게 엄마가 도전하는 것을 보여주는 것이다. 글을 쓰는 것이 그리 쉽지 않지만 하고자 하면 할 수 있다는 도전 정신과 끈기를 보여주고 싶다.

지금 나는 내가 하고 싶은 일에 대해 꿈을 갖고 이루고자 하는 도전 정신을 내 아이들에게 보여주고 있다. 꿈을 이루려면 힘들고 어려운 일도 많지만, 자신이 생각하는 일에 도전하는 삶을 응원하고 싶다. 엄마로 아들들에게 하고 싶은 말은 엄마도 이렇게 도전하는 것처럼 너희도 너의 마음이 흐르는 대로 내가 생각하는 일에 도전하는 삶을 살았으면 좋겠다는 것이다.

한 사람에게 꼭 주고 싶은 용기

요즘은 하루가 무엇에 쫓기는 듯한 마음의 여유가 없는 이유는 무엇 때문일까? 일상이 왜 이리 힘든지 모르겠다고 온라인 톡 방 선배님과 이야기를 나누었다. 이런 감정을 느끼며 행복 지수가 떨어지는 듯한 마음을 나도 어쩔 수 없었다. 이것은 내가 새로운 일에 적응하기까지의 심리적 부담감이라는 생각이 들었다. 새로운 일을 시작하려고 하는 데에 있어서 알아야 하는 것, 새로운 여러 가지 시스템을 익히려고 하면서 밀물처럼 쏟아지는 압박감인 것 같다.

새로운 일이 익숙하기까지 사람마다 "거부반응"이라는 것이 생기는 것 같다. 새로운 일을 잘하려면 얼마만큼의 시간이 필요할까? 나는 그 시간을 줄이고 싶어서 하루에도 많은 시간을 가지면서 힘들었던 것 같다. 익숙하지 않고 쉽지도 않기에 힘들다고 푸념하며 해소하려고 했다. 그러면서 예전에 편한 일상으로 돌아가고 싶은 욕구와 싸우기를 반복한다. 그러나 열심히 나를 개발시키고 성장시키는 것이 내 삶을 더 풍요롭게 만들지 않을까 하는 생각으로 하고 있다.

며칠에 한 번씩 내 마음은 오르락내리락 천당과 지옥을 왔다 갔다 한다. 현실에서 부딪치며 생기는 감정이기보다, 마음 깊숙이 내재되어 있는 무의식이 나를 웃게도 했다가 우울하게 하기도 했다. 실제의 삶에서 느끼는 것이 아닌 불특정한 무의식이 나를 힘들게 하는 것 같다. 기존의 일에서 새로운 일을 시작하며 변화하려는 과정에서 오는 어려움인 것 같다. 변하고 싶은 마음과 변화되기 힘든 것에서 오는 심리적 부담이 나를 힘들게 한다.

오늘 나는 내가 느끼는 바에 대해 큰아들과 대화를 나누었다. 시험 준비를 하는 아들은 "나도 젊고 배워야 할 나이라는 것은 알지만 내가 이렇게 공부에 집중해야 하는 것이 맞는 것인가?" 했다. 엄마도 책을 쓰면서 확증도 없는 데 계속해서 하는 것이 잘하는 건지 모르겠다고 아들에게 말했다. "너와 나는 불확실한 미래지만 희망적인 미래를 위해서 애쓰고 있네!" 하며 말했다. 그랬더니 아들은 엄마가 글을 쓰는 도전이 결과를 떠나서 정말 가치 있는 일이라며 위로해 주었다. 나도 너의 고생이 헛되지 않을 거라고 말해 주었다.

그런대로 살아가는 현실에서 나는 좀 달라지고 싶었다. 소소한 일상의 행복을 찾고 있었지만 나사 하나가 빠진 듯 내가 없는 세계를 사는 것 같았다. 무언가 채우지 못한 구멍 하나가 있었다. '가진 것에 기뻐하지 못하고, 내가 갖지 못한 것에 한탄하는 것인가?' 이런 것은 아니지만 나는 변하고 싶었다. 내가 가진 것에 감사했지만, 나를 진정 사랑하는 것이 무엇인지를 찾고 싶었다. 기수가 큰 코끼리를 어떻게 움직여야 하는지를 나는 알아가고 있다.

처음에는 경제적으로 노후를 준비한다는 생각으로 책을 읽어 보았다. 책을 읽으며 책 속에서 멘토들을 찾아가게 되었다. 책을 쓴 저자의 강연을 듣고 그 작가를 만나 이야기를 나눌 기회가 있었다. 마음속으로 나도 이 작가처럼 되고 싶다는 생각을 하게 되었다. 그러면서 내 생각을 하나, 둘 글로 옮기다 보니 어느새 책을 쓰게 되었다. 시작을 행동으로 옮기기는 했지만, 좋은 결과를 얻기까지 아직도 가야 할 길이 멀다는 생각에 힘이 빠지곤 했다.

무엇부터 해야 할지를 생각하며 나 자신과 싸우는 시간도 많아졌다. 생각에서 출발했지만, 행동이 나를 만들고 나에게 말해 주고 있었다. 책에서는 내가 되고 싶고, 하고 싶은 일을 생각하면서 그것과 연결된 일을 하나씩 하라고 했다. 무의식에서 나오는 불확실성의 환영에 동요하지 말고 그저 행동하라고 했다.

예전에는 활동적인 것을 좋아해서 블로그 체험을 했다면 이제는 그 시간에 책 읽는 시간을 즐긴다. 책을 읽고 글을 쓰면서 수동적이던 삶에서 더 적극적으로 나를 만들고 있다. 나 자신보다 다른 사람들을 더 이해하려고 했던 내 마음에서, 내 자리를 먼저 내주고 나를 보려고 한다. 변하고 싶다는 생각을 하면서 행동이 바뀌게 되었다. 예전에는 책을 읽기만 했다면 지금은 글을 쓰는 행동을 한다.

마라톤을 하는 사람이 턱밑까지 숨을 참고 고지가 보인다면 포기를 하지 않을 거라고 했다. 그 턱밑까지 가느냐 못하느냐는 행동으로 만들어야 한다고 했다. 처음에는 생각이 행동을 만들지만, 그 행동이 생각을 만들어 낼 수 있다는 말이 아닐까 생각했다. 나도 마라톤을 하듯이 그 턱밑까지 숨이 차는 순간까지 달려보고 싶다.

이제는 미래에 대해 미리부터 걱정하는 조급한 마음을 내려놓아야 할 것이다. 내일 비가 오면 어떡하지 하는 일어나지도 않는 미래를 걱정하지 않기로 했다. 내게 있는 소중한 시간의 가치를 높이기 위해서라도 쓸데없이 불안한 미래를 무시하기로 했다. "무소뿔처럼 가라!"라는 말이 있듯이 묵묵히 내 일을 해내려고 한다.

금 중에서 "지금"이 가장 값진 것이라고 사람들은 재미있게 말한다. 현재 행복하지 않으면서 먼 미래를 위해서만 달려가는 어리석음을 범하지 말라고 한다. 그러나 지금 나는 내가 원하는 일에 집중이 필요하다. 오늘보다 나은 내일을 위해 오늘의 작은 행복에도 감사하고 칭찬하며 하는 일에 "잘하고 있어! 잘할 수 있어! 지금 한 번 더 해 보자!"라고 해주고 있다. 매일매일 있는 그대로 나를 사랑하며 내 어깨를 토닥거리고 있다. 내일 더 의미 있는 미소를 지을 수 있다고 평범한 한 사람에게 용기와 힘을 주고 있다.

"이제는 당신 차례입니다!"라고 말하면서.

나는 죽을 때까지 재미있게 살고 싶다

어릴 적 친구가 생일이라고 하면 친구에게 어떤 선물을 줘야 할지를 고민하고 고민하면서 이것을 사주면 좋아할까? 이것보다 저것을 더 좋아할까? 어떻게 해서 줄까? 언제 주면 좋아할까? 등등 생각을 많이 했던 기억이 있다. 내 성향에 대해서 한편으로는 내향적이라는 생각이 들면서도 사람들과 어울리는 것을 좋아하기에 외향적인 생각이 들기도 했다. 그래서 내 성격에 대해 내, 외 향을 구별하기 어려웠다.

오늘은 내가 생각하던 성격에 관한 책을 읽게 되었다. 알 수 없었던 내 성향을 조금은 이해가 되었다. 나는 낯가리지 않고 새로운 사람을 만나기를 좋아해서 외향적인 사람인 줄 알았다. 사람들을 좋아하지만, 많은 사람과 얘기하는 것보다 일대일로 이야기를 나누는 것을 더 좋아한다.

그리고 차분하고 조용한 것을 좋아하며 내적인 것에서 에너지를 받는 내향인이라는 것을 알게 되었다. 그러나 종종 이런저런 생각에 깊이 빠져 사색을 즐기기도 하지만 사람들만 만나면 가장 시끄럽고 사교적인 사람이 될 때도 있다. 이렇게 성격이라는 것은 복합적인 것이 많아 어떤 성격인지 모를 때가 많았다. 이런 성격에 관련된 책과 성격유형을 찾으며 내 성향이 좀 더 내향성에 가깝다는 생각이 들었다.

내향적인 사람은 에너지가 정말 빨리 없어진다고 한다. 사소한 것 하나에도 신경을 곤두세우기에 빨리 지친다는 것이다. 결혼 전에 나는 밖에서 일을 끝내고 돌아오면 잠부터 자고 일어나서 저녁을 먹었다. 결혼하고 나서는 엄마라서 그런지 멘탈이 육체를 이긴 것 같다.

남편은 나와 다른 성향인 사람인 줄 알았다. 살아보니 나랑 같은 성향이고, 나보다 더 내향적인 사람이었다. 결혼 후 남편의 친구들과 부부 동반 모임을 20년 넘게 해오고 있다. 그 모임에 가면 남편은 술만 먹고 나는 웃기만 한다. 내성적인 사람은 술을 먹으면 얘기를 잘한다고 했다. 그러나 내 남편은 친구들하고 술을 마시면서도 얘기를 잘하지 않는 편이다. 그 이유가 궁금해서 물었더니, 술을 먹고 쓸데없이 얘기하다가 실수할 수 있으니 말하지 않는다고 했다. 나는 커피를 마시며 수다를 떠는 것을 좋아하는 내향인이다. 하지만 어쩔 수 없이 술을 놓고 몇 시간씩 남편의 이야기를 듣는다. 술, 커피 이 모두가 내향적인 성향에 좋은 처방전 같다.

내게 또 하나의 처방전이 있다면 '책을 읽고 글을 쓰는 것이라고 하면 다른 사람들이 욕할까 모르겠다.' 하지만 한국인의 특성상 80%가 내성적인 성향을 갖고 있다고 한다. 예전에 나는 주로 밖에서 활동하는 것을 좋아하다 보니 책을 많이 읽지 못했다. 그러던 나는 중년이 되면서 새로운 삶의 변화를 주고자 책을 읽게 되었다. 지금은 책을 읽고, 글을 쓰면서 중년에 멋진 사람들을 만나고 있다.

나는 책이라는 길을 따라 뜻을 찾고 있다. 그 길에서 먼저 나를 찾았고, 내가 어떤 일을 하기에 좋은 사람인지를 찾으려고 하고 있다. 이것을 알기에는 중년 이후가 더없이 좋다고 했다. 중년에 나는 앞만 보며 열심히만 살던 것에서 불현듯 나를 바라보게 되었다. 그리고 이제는 아이들이 크니 나에게 시간을 주기에 딱 좋은 나이가 되었다. 지금도 나는 어른으로 성장하기 위해서는 계속 공부하고 있는지도 모른다.

중년에 공부라는 것이 이렇게 다가올지 몰랐다. 이제 더 늦지 않고 나를 알아가기 위해 들었던 책을 잡고 글을 쓰고 있다. 작은 생각을 한 개, 두 개 모으며 글을 쓰면서 나를 조금씩 알아가는 것 같다. 특별한 것을 공부하기보다 자기가 누구인지 마음이 끌리는 책을 읽고 생각을 써 보았다. 처음에 책을 읽으면서 그렇게 찾고 싶었던 자신감은 어디서 나오는지 이제는 조금은 알게 되었다.

오늘도 나는 책 한 권, 좋은 강의를 들으면서 내 틀을 깨는 시간을 가질 수 있어서 좋다. 초등학교 소풍 때 보물 찾기를 할 때마다 보물을 나는 잘 찾지 못했다. 선생님의 표정이나 힌트를 줘도 어디서 어떻게 찾을지 잘 몰라서 미리 포기해버리곤 했다. 그런데 중년에 다시 보물 찾기하는 것 같다. 책을 읽을 때마다 그 속에 보물 지도가 있다. 이제는 그 지도를 가지고 다양한 보물을 찾고 싶다. 평생 보물 찾기를 하는 마음으로 죽을 때까지 재미있게 살고 싶다.

목적이 없는 것은 아무것도 없다

"목적이 없는 것은 아무것도 없다."_보들레르

내 목적은 무엇일까?

목적은 나도 행복하고, 같이 행복하게 사는 것이다.

누구나 행복한 삶을 꿈꾼다. 그러면 나는 행복한가?

나는 나를 찾는 글쓰기로 다른 사람에게 주었던 시간에서 나를 생각할 시간을 만들고 있다. 여행도 좋고 취미를 찾는 시간도 좋다. 그러나 현실은 그러하지 못할 수 있다. 처음에는 가족을 위해서 나중에는 나의 노후를 위해 많은 시간을 썼다. 시간이 흐르니 알지 못하는 것들이 채워졌다.

이것이 "하늘은 스스로 돕는 자를 돕는다."라는 말이 맞았다. 그러다 보니 50살이 넘는 나를 보며 자존심만 내세우며 자존감은 없어진 나를 발견했다. 내가 무엇을 위해서 살아가는지 왜 나는 현재보다 미래만을 위해서 살고 있는지. 지금도 행복하고 내일도 행복한 일은 무엇인지를 생각하게 되었다.

　나는 무엇을 좋아하나? 하고 생각하니 생각나지 않았다. 겉으로 보이는 자존심 말고 자존감을 찾아야 했다. 그렇게 자존감과 관계되는 책을 읽고 글을 쓰면서 조금씩 내 생각이 변하기 시작했다. 나를 들여다보고 내가 어떤 내면 아이가 있는지, 어떤 것을 좋아하는지 어떤 것을 할 때 설레는지를 글을 쓰면서 찾아보았다.

　다른 사람을 배려한다고 하면서 가장 중요한 나는 찬밥 신세라는 것을 알았다. 나를 사랑한다는 것이 무엇일까? 자신을 진정으로 사랑하는 것이 무엇인지 내 존재가 보이지 않았다. 사랑하는 사람이 소중한 것처럼 우주가 내가 있어야 존재하기에 나는 우주만큼 소중했다.

　해외여행은 못 가도 책을 읽고 글을 쓰면서 내 생각이 새로워지는 것을 느낄 수 있었다. 책 속에서 힘을 얻고 그 힘으로 나도 할 수 있다는 생각으로 나 또한 글을 쓸 수 있었다. 책을 보지 않았다면 글을 쓸 수 있다는 생각도 못 했을 것이다. 그리고 글을 쓰겠다는 강한 동기와 그 힘도 얻지 못했을 것이다. 평범한 엄마는 책을 읽고 글을 썼다. 그리고 나니 평범한 엄마들에게 용기를 주고 싶은 작은 희망이 생겼다.

　"모든 사람에게는 스토리가 있다." 하며 그 이야기를 써보라고 용기를 내게 해준 황준연 작가에게 감사하다. 나 또한 황 작가처럼 똑같이 말하고 싶어졌다. 글을 쓴다고 했을 때 엄마의 이야기가 궁금하다며 용기를 준 큰아들과 나라를 지키고 무사히 돌아온 작은 아들에게도 고맙다. 그리고 나쁜 역할을 도맡은 팥쥐 남편이 없었다면 나는 이 책을 쓸 수 없었으니 감사할 뿐이다.

행복하기 위해 내가 어떻게 해야 할지 멈추고 생각하는 시간을 찾아야 했다. "천 리 길도 한 걸음부터!"라는 말이 있듯이 첫발을 딛고 행동하기 위해 책을 읽으며 마인드를 닦으며 묵묵히 도전했다. 우리 인생도 가만히 있으면 이룰 수 있는 것이 하나도 없다. 행동하다 보면 나도 모르게 내가 그렇게 변해간다. 모든 일은 작은 것에서 시작되는 것 같다. 큰 그림을 생각하고 작은 것을 하다 보면 어느새 내가 원하는 곳에 갈 수 있다고 생각했다. 그것이 자신을 사랑하는 시간을 주며 글을 쓰는 것이었다.

글을 쓰면서 '나를 사랑한다는 것은 못난 나도 잘난 나도 이해하며, 나를 위해 애쓰는 용기라는 것을 알게 되었다.' 그러면서 내가 나를 이해했던 것처럼 사랑하는 사람에게도 그렇게 할 수 있겠다고 생각했다. 남이 변하길 바라기보다 내 생각을 다르게 갖고 변하기로 했다. 내가 만족하고 행복해야 사랑하는 사람도 같이 행복할 수 있다고 생각했다. 그래서 행복한 나를 만들기 위해 이른 아침 나와 마주하는 시간을 글로 시작한다. 내가 원하는 것을 상상하며 하루 한 걸음 더 나아가는 시간을 만들며 나의 외침은 언제나 똑같을 것이다.

"자신에게 시간을 주고 자신을 사랑하는 것이 무엇인지를 찾아보세요!" 하고 말이다.